ミャンマー全図

州
1 ラカイン
2 チン
3 カチン
4 シャン
5 カヤー
6 カレン
7 モン

管区
A ザガイン
B マンダレー
C マグエ
D バゴー
E イラワジ
F ヤンゴン
G タニンダリー

アジアに架ける橋

ミャンマーで
活躍するNGO

新石 正弘

コモンズ

アジアに架ける橋●もくじ

第1章 桟橋の引き渡し式典

大勢の来賓が見守るなか、桟橋上でテープカット。左から小田野大使、２人おいてキムマウンミン西部軍区総司令官、２人おいて根本悦子理事長

1　住民とともに造った桟橋

「ドォーン」「ドォーン」「ドォーン」

ミャンマーのラカイン族伝統のラカイン太鼓が、雲ひとつない晴天に鳴り響く。広いアングモ桟橋の上は、参集したラカイン州の行政関係者、国際機関やNGOなどの要人で一杯だ。軍服姿も目につく。

ミャンマー国ラカイン州平和発展評議会議長(州知事)兼ミャンマー西部軍区総司令官のキムマウンミン氏、駐ミャンマー日本大使の小田野展丈《おだののぶたけ》氏、ブリッジ エーシア ジャパン(Bridge Asia Japan、以下「BAJ」という)の根本悦子理事長の三人によるテープカットで、式典が始まった。州都シトウェから、ボートで海峡を渡って完成したばかりの桟橋へ到着した要人の参加者は約三〇人。民族衣装で着飾った十数人の若者が打ち鳴らすラカイン太鼓を先頭に、歩いて桟橋入口近くの式典会場に向かった。二〇〇六年二月、BAJが建設したアングモ桟橋の国境民族開発省開発局への引き渡し式である。

アングモ桟橋は長さ一三〇メートル、鉄筋コンクリート製だ。BAJが構想し、数年をかけてミャンマー政府の許可を取りつけ、日本外務省の日本NGO支援無償資金協力(日本のNG

ラカイン族の民族衣装を着け、伝統的なラカイン太鼓を打ち鳴らしながら、130mの桟橋の渡りぞめをした

Oが途上国で行うプロジェクトへのODA（政府開発援助）による資金協力制度）で約一五〇〇万円を得て、二〇〇四年一月〜〇五年五月の一年四カ月間かけて建設した。工事は建設会社には依頼せず、BAJのミャンマー人土木技術者が男女六〇名の地域住民に大工、左官、鉄筋工などの技術指導を行いながら、実地研修（OJT）で完成させたのだ。訓練生たちは、国連世界食糧計画（WFP）のプロジェクト「労働の対価としての食糧支援」を受けた。

この地域の船着き場は簡素な木製が多く、鉄筋コンクリート製の桟橋はない。アングモ桟橋は、ラカイン州北部で唯一の堅固な桟橋である。

2 活動現場は難民の流出地域

ラカイン州はミャンマーの北西部で、西はベンガル湾に面し、北はバングラデシュと国境を接している。住民はベンガル系で、ベンガル語の方言を話すロヒンギャーとも呼ばれるイスラム教徒が中心だ。かつてビルマを席巻したアラカン王国の末裔で、ラカイン語を話す仏教徒のラカイン族が、これに続く。

州の北部に行けば行くほど、イスラム教徒が多くなる。ノーザン・ラカイン・ステート、通称NRSといわれる北部の人口は約八八万人で、その八〇％以上がイスラム教徒だ。「毒ヘビとラカイン族に出会ったら、ラカイン人を先にやっつけろ」という古いビルマのことわざがあるように、ラカイン族とビルマ族（狭義のビルマ人）の関係は一筋縄ではいかない。

ＢＡＪは一九九五年以来、このラカイン州北部を活動現場としてきた。ミャンマー国内でもまさに辺境の地であり、電気や水道、そして電話などの通信手段はなきに等しい。日本と言えば、第二次世界大戦中の一九四〇年代前半に日本軍がやってきて英国軍と戦ったことが語り継がれているくらいだ。ほとんどの人びとは、トヨタやホンダ、ソニーなど日本の有名ブランドも知らない。戦後にこの地域に入った日本人は、九五年まで国連関係者と外交官だけだった。

厳しい入域規制のため、外国の新聞記者も足を踏み入れたことはない。

ＢＡＪの本拠地でもあるマウンドー（人口約四五万人）へ行くには、まずシトウェから船で約一〇時間かけてマユ川を北上してブティダウンへ。ここで車に乗り換える。途中で何もなければ約一時間、野生の象が出没する険しい山間部を越えて行く。

途中に、古い二つのトンネルがある。五月から一〇月の雨期は激しい雨によって地盤がゆるんでおり、トンネルが崩れないことを祈りながら通行する。一帯は世界的にみても降雨量が多い。整備されていない道路はしばしば豪雨による山崩れで遮断され、通行不能となる。その結果、物資の供給が跡絶えるため、マウンドーの物価は急上昇し、数十万人の生活に影響する。

図１　ラカイン州北部

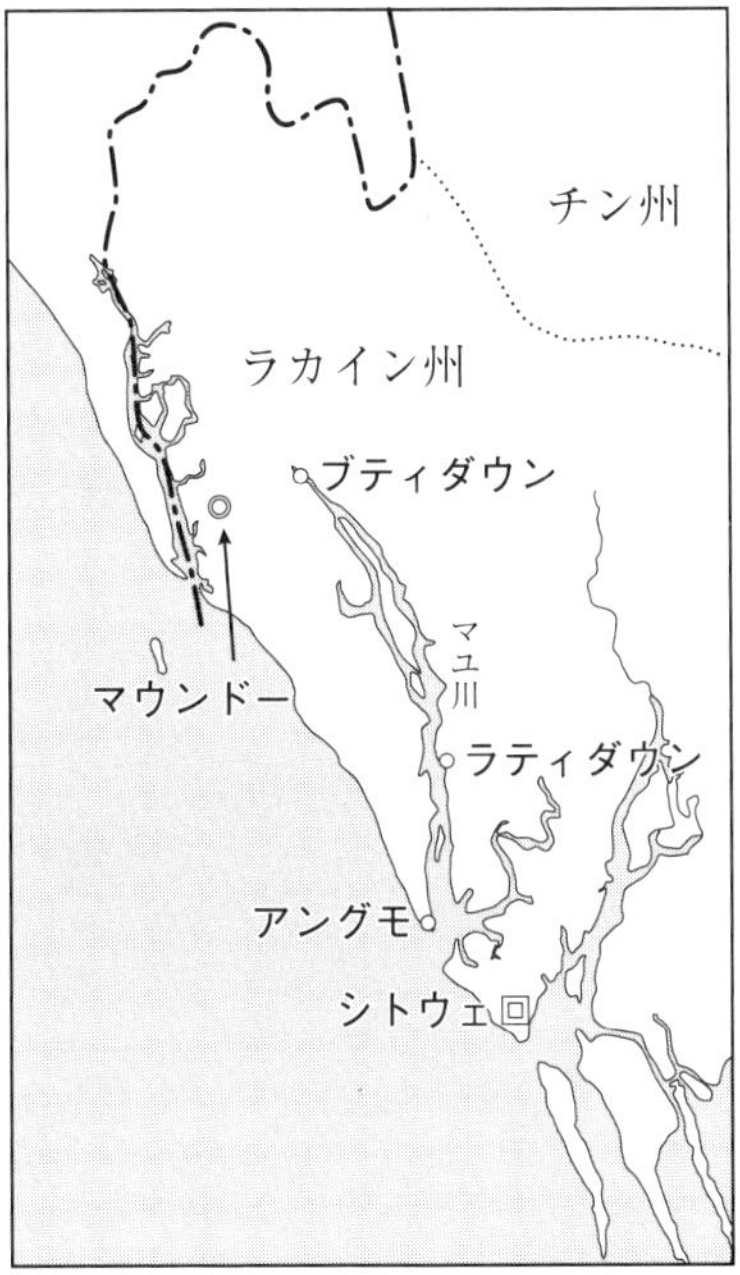

ラカイン州北部では、一九九一年から九二年にかけて、約二五万人のイスラム教徒住民が難民としてバングラデシュに流出した（二九ページ参照）。そこで、九三年に国連難民高等弁務

桟橋には照明灯を付けたので、夜間の通行や荷役作業も可能になった

官事務所（ＵＮＨＣＲ、本部はスイスのジュネーブ）の高等弁務官・緒方貞子さん（現在は国際協力機構＝ＪＩＣＡ理事長）が自らミャンマーを訪問。ミャンマー・バングラデシュ両国政府と交渉して、ＵＮＨＣＲを含めた三者の合意のもとで、翌年から難民帰還・再定住促進事業（以下「難民帰還事業」という）が始まる。ＢＡＪはＵＮＨＣＲに協力して、九五年以来その事業の一部を担ってきたのである。

今回シトウェの対岸にあるアングモに桟橋ができた結果、シトウェとアングモは船で四〇分足らずになった。アングモから陸路を北上すれば、約四時間でマウンドーに到着できる。半分以下に時間を短縮できる、第二のアクセスルートが確保されたわけだ。この桟橋は将来、物流の要としてマウンドー地区の発展のきっかけになるだろう。

二〇〇〇年ごろから、シトウェ沖のベンガル湾に天然ガス油田の存在が明らかとなり、中国、韓国、インドなどが開発にしのぎをけずっている。シトウェから中国雲南省まで続く天然ガスパイプラインの建設計画も報道されており、将来はこの地域の様相が大きく変わると思われる。

「ここにしっかりした桟橋があれば、ラカイン州北部全体が助かる。ミャンマー政府は建設できないだろうから、ＢＡＪで取り組めないでしょうか」

簑田健一が私に提案したのは、二〇〇一年だ。簑田はＢＡＪのラカイン州北部の事業に最初からかかわってきた現地責任者で、ミャンマーにおける代表でもあった。日本のＪＶＣ（日本国際ボランティアセンター）やスリランカのサルボダヤなど、いくつかのＮＧＯで長く活動してきた。カンボジア・タイ国境での井戸掘り、カンボジアの首都プノンペンでの自動車整備工場の設立、ブータンでの道路建設などの実績をもつ、エンジニアでもある。

3　たかが式典、されど式典

日本大使をはじめ式典の出席者全員を桟橋に待たせて、ＢＡＪが用意した小型スピードボートで最後に到着したのは、キムマウンミン西部軍区総司令官であった。ミャンマー国内での序列が一〇位以内とも言われ、ラカイン州では一番の〝偉いさん〟だ。この国では、上の人が移動する際には主だった部下たちがいっしょについてくるのが常なので、ラカイン州の主要幹部はほとんどが出席している。

ＢＡＪ側は、桟橋建設にあたった土木技術者たちはもちろん、数日前から会場設営を行なったシトウェ、マウンドー、ヤンゴンの各事務所の現地スタッフなど数十名、ミャンマー駐在の日本人スタッフ全員、さらに日本から根本理事長はじめ合計五名の理事が出席した。国連世界食糧計画とＵＮＨＣＲのミャンマー代表など総勢四〇〇名以上が参加する大イベントである。

とはいえ、大きな式典に適した施設はこの地域一帯には皆無だ。仮設の会場を設営し、机や椅子、食器類、マイクやプロジェクター、発電機などすべてをシトウェやＢＡＪのマウンドー事務所から輸送しなければならない。また、高位の主賓にはゆったりしたソファーを用意しなければならないが、そんなソファーはアングモにはない。他の機材も含めて、シトウェの町中を走り回ってかき集めた。招待者のリストづくりから始まって、小型スピードボートや食事の手配、司会進行など式典に伴う一切は、ＢＡＪの担当だ。この地域での活動経験があるとはいえ、現場の苦労は大変だった。

日本政府のＯＤＡ資金を使って、日本のＮＧＯが桟橋や橋を建設し、ミャンマー側に引き渡

式場や風船の準備などは、BAJのスタッフ総動員で数日前から行なった

すのだから、ミャンマー側が式典を行えばよいと、ふつうは考える。だが、辺境のこの地では様相は異なる。
まず、ラカイン州の行政側にそんな予算はない。外国からの要人が多く参加する式典の経験者もいない。ミャンマー政府に依頼すれば行えるだろうが、どんな内容になるかわからないし、結局はBAJが協力することになる。それなら、最初から当局であるラカイン州レベルの国家平和発展評議会(SPDC)と打ち合わせながら、BAJ主導で進めるほうが、お互いの立場も守れるし、よい式典が行える。
外国とのかかわりがきわめて少ない閉鎖的なミャンマーでは、ミャンマー基準はあっても国際基準はない。一般に、ミャンマーで行う会合や行事では、ミャンマー側の一番偉い人が基準である。それが何十年も続いてきた。おまけに、すべて打ち合わせしたつもりでも、思いがけないことが起きる場合がある。

実際このときも、式典会場から昼食会場に向かう途中で急に農業省関係の役人がやってきて、キムマウンミン総司令官に対して微生物菌のプレゼンテーションを始めた。式典の場所は主催者であるＢＡＪがラカイン州行政府から借りているにもかかわらず、ＢＡＪに断りもなく勝手に説明を始めたのである。農業省の幹部といえども、州知事・西部軍区総司令官などいくつもの権限と責任をもつ人物にプレゼンできる機会は、そうそうない。わずかなチャンスをねらっての「営業」である。このため、準備した暖かい食事がだいなしになってしまった。

日本の会食では、主賓はテーブル中央に座る。これに対してミャンマーでは、一番偉い人はテーブルの端に座り、そこから序列順に並ぶ。末席の参加者は食事中の話題がわからず、黙って食べるしかない。

今回の式典は、当然ミャンマー式を尊重はするが、外国の要人も多く参加するので、国際的におかしくないように取り仕切る必要がある。日本大使をはじめ、各国連機関の代表やＢＡＪ代表もそれぞれのプレゼンスを示す役割を担えるように、知恵をしぼらなければならない。このむずかしい部分に、簑田や国際機関の勤務経験が長い現地スタッフが力を発揮してくれた。

ミャンマー式では、西部軍区総司令官以下、ミャンマー側の偉い人たちが中央を占めること

式典会場には来賓や関係者用に約 200 席を用意し、
最前列は BAJ の理事席。右が根本理事長、中央が私

になる。しかし、式典後の昼食会では、あえて中央に総司令官と日本大使や来賓の方々に座っていただいた。総司令官には私たちはめったに会えないし、日本大使など来賓の方々も話をする機会はほとんどない。式典主催者としては、食事をおいしく食べながら共通の話をしていただき、同時にＢＡＪについての理解も深めてほしい。

ラカイン州北部のような辺境地域では、こうした式典の開催自体に重要な意味がある。ＢＡＪの活動を広く知ってもらうのは、いうまでもない。加えて、多くの来賓を集めることで、ＢＡＪには日本の支援者をはじめ、日本大使館、日本政府、国際機関など多くの

小田野大使(右)と談笑するキムマウンミン総司令官(左から2人目)

機関が協力していることを、現地政府関係者や地域で活動する内外の人びとに周知する格好の機会になるからだ。

また、末端の軍隊や警察、公安といわれる政府レベルの治安維持機関である国境出入国管理本部(BIHQ)などは、建設資材の輸送やスタッフの移動などに難癖をつけて、許可と引き換えに金品を要求してくる場合がある。現地政府の要人が参加した式典の開催は、現場での理不尽な要求に対する抑止効果もある。

すでに述べたように、ラカイン州北部にはBAJ関係者以外に日本人はいない。したがって、私たちが実質的に日本の民間代表としての役割を求められることが多い。こうした式典で、ミャンマー側にはもちろん、出席する国際機関関係者にも、ＢＡＪの存在や日本のかかわりをしっかり示していかなければならない。そうでなければ、私たちだけでなく、日本が無視されてしまいかねない。たかが式典だが、されど式典なのである。決して潤沢な資金があるわけではないが、ときにはやせ我慢をしてでも立派な式典を開催しなければならない。

ミャンマーで活動する際には、政府幹部（ほぼ軍人）の協力がなければ、建設資材の輸送やスタッフの移動すら円滑には行えない。だが、用件があって面会を申し込んでも、たいてい会ってはもらえない。そこで、「挨拶にうかがいたい」という理由をつけて、表敬訪問を申し込む。運よく会えたときは、ＢＡＪに対する意見や活動する際の注意事項を聞いたうえで、活動目的、実績、日本政府との関係、理事・会員・サポーターの存在など、ＢＡＪの全体像を理解してもらうように努めてきた。ミャンマーのよりよい将来を考えるとき、指導的立場にある政府要人に、日本をはじめ海外のＮＧＯの素顔や海外から見たミャンマーなどについて理解し、正しい選択をしてほしいと願うからである。

そうした機会に私は、日本の戦後復興、広島や長崎の被爆、阪神・淡路大地震や公害問題などについて、積極的に話してきた。一方で、政府要人の大半を占めるビルマ族には仏教徒が多いので、宗教にも話題が及ぶ。そんなときは、ふだんあまり熱心でない仏教徒の私は冷や汗をかくことになる。

4 優遇される軍人

序列が高い軍人に何度か会うなかで、さまざまな話ができるようになることもある。もちろん話す内容に限界はあるが……。たとえば、必ずやり取りをしなければならないマウンドーの国境出入国管理本部の司令官の話や周囲にいる人たちの様子から、彼らのおかれている状況が少しは理解できるようになった。司令官の話を整理すると、以下のとおりだ。

「ミャンマーの国家予算は不十分なので、軍人といえども自分たちで工夫して生活するしかない。何千人もの部下とその家族を食べさせなければならないし、道が壊れたら修理も必要だ。修理する予算がないので地元民を動員すると、国連や海外のNGOからは強制労働だと非難される。けれども、道を壊れたままにしておくわけにはいかない。それに、地元民は受益者にもかかわらず、税金を払っていないのだから、多少の労力提供を求めてもいいではないか」

農家は、収穫した米を政府の決めた価格(市価より安い)で納めなければならないらしい。この司令官は「税金を払っていない」と言ったが、小作農である地元民も何らかのものを納めているのではないだろうか。ただし、正確なところはわからない。この地域では、外国人が直接住民と話すことははばかられるからである。

司令官は数千人の部下の食い扶持を確保し、規律を守らせ、治安を確保しつつ、国際機関や海外ＮＧＯとも渡り合っていかなければならない。マウンドーでは何でもできる立場だと思われているが、それなりの大きな責任と苦労を負わされているようだ。彼に直接、ラカイン州北部のイスラム系住民の問題やバングラデシュからの難民帰還事業について意見を聞いたことがある。すると、こう言った。

「彼らは、もともとバングラデシュからミャンマーに勝手に来た。追い返したり殺すわけにもいかないので、ミャンマー側においてやっている」

イスラム系住民は、一〇〇年以上もラカイン州北部で暮らしている。独立直後のビルマがそうであったように、外国人としてではなくミャンマーの一少数民族として認めてほしいと主張するグループもあれば、独立すべきだと考える武装闘争グループもある。難民帰還事業が始まった一九九四年から、ＵＮＨＣＲを中心に処遇の改善を求める努力が続けられているが、大きな進展はまだない。

現地政府幹部の重責を負わされた立場は理解できるが、彼らが優遇されているのは明らかだ。たとえば、ミャンマーの通貨であるミャンマーチャットの公定レートは一ドル六チャットだが、実勢レートは一〇〇〇～一三〇〇チャットである。公式にはミャンマー国内で米ドルは使えず、外貨兌換券（ＦＥＣ）とチャットのみ認められている。ところが、彼のような上級公務員が外国に出張する場合は、公定レートでドルが入手できる。つまり、六チャットで一ドルが買えるのである。

一九九九年一一月、当時の小渕恵三首相が日本・ミャンマー首脳会談で「ミャンマーの経済改革支援を行う用意がある」と表明。両国の産・官・学メンバーからなる合同タスクフォースが設立され、ワークショップが開催された。そこでは、為替の公定レート改革について「速やかに着手すべき重要課題である」と提言されたが、改革はなかなか実行されない。政策決定の立場にある人たちにうまみがあるため、簡単には変えられないのだろう。二重レートを用いてきた国ぐにも同様だが、厳しい生活にある一般庶民にすればやりきれない。

ミャンマーは、正式にはミャンマー連邦(Union of Myanmar)という国名をもつ連邦国家で、約七割を占めるビルマ族のほかに、一二〇以上ともいわれる少数民族がいる。人口は約五三二二万人(政府発表)、国土面積は日本の約一・八倍の六八万㎢。広大な国土の開発には、豊富な天然資源を含めてほとんど手がつけられていない。

さまざまな民族が群雄割拠する時代を経て、一一世紀なかばにビルマ族による統一王朝(パガン王朝、一〇四四年〜一二八七年)が成立した。その後、タウングー王朝、コンバウン王朝などを経て、一八八六年に英国領インドに編入されて植民地となる。独立を果たしたのは、第二次世界大戦後の一九四八年である。

行政上は、七つの州と七つの管区に分けられている。各州はその州名を冠した民族が多く住む地域で、おもに国境を接する周辺部に位置する。各管区はビルマ族が多いといわれているが、長い歴史のなかで移動が繰り返され、混在しているのが実態だ。

ビルマ族をはじめ九〇%が仏教徒で、仏教は生活に根づいている。仏教徒の家庭は、七歳から一二歳の男の子に寺院で七日間の修行をさせる(得度式という)ために、親戚から寄付を集めたり借金もいとわない。各村には必ずと言っていいほどパゴダ(仏塔)が建立され、もしなければ村人たちが建立のために負担を分け合う。仏教は人びとの生きるよすがであり、政治や経済にも大きな影響を与えているといえるだろう。そのほかはキリスト教が五%を占め、イスラム教、ヒンズー教、精霊信仰など少数民族の宗教は多彩である。

一九八八年九月以降、反政府デモを鎮圧した国軍が国家法秩序回復評議会(SLORC)を組織し、政権を掌握した。以後、九〇年五月の総選挙で圧勝したアウンサンスーチー氏が率いる国民民主連盟(NLD)への政権移譲を拒み、スーチー氏の軟禁や拘束を繰り返している。一方で、外資法を制定するなどして経済開放政策を進めた結果、九二年から九五年まで高い経済成長率を実現したものの、非現実的な為替レートや硬直的な経済構造が障害となって、現在では外貨不足が著しい。SLORCは、九七年に国家平和発展評議会に名称が変更された。

おもな輸出品目は、天然ガス、チーク、豆類、米、エビなどだ。天然ガスは二〇〇〇年以降、アンダマン海の南部沿岸地域でフランスのトータル社、米国のユノカル社、英国のプレミア社がパイプラインを敷設して操業している。また最近では、ベンガル湾のラカイン州沖に海底油田が発見され、政府が〇九年三月に中国とガスパイプライン敷設などに関する合意文書を調印。一三年から、中国への供給が本格的に開始される。

なお、トータル社は二〇〇四年、ＢＡＪに対して操業地である南部タニンダリー管区のヤダナで、地域住民のための職業訓練所の運営を提案してきたが、その規模と立地条件などから辞退した。ミャンマー政府に対して経済制裁や金融制裁の措置をとる欧米諸国だが、経済活動はきちんと行う実態に唖然とさせられたものである。

また、政府は二〇〇七年八月、ガソリンなどエネルギーの公定価格を最大五倍に引き上げた。これを引き金として、僧侶による大規模なデモが起き、騒乱事件へと発展したのは記憶に新しい。

二〇〇五年末に新しい首都となったネピドー（中部のマンダレー管区）は、街路灯の付いた立派な道路が広い市内を結び、官庁、大統領官邸、市庁舎、大規模な噴水のある公園などがある。各閣僚はもちろん、副大臣、総局長、局長など幹部の立派な官舎も整然と並んでいる。巨額な新首都建設費用は国家予算からの支出で、天然ガスなどの収入もあてられているだろう。活断層が近くにあるというネピドーへの首都移転の事情は、私たちには理解しにくい。すでに多くの公務員が移住して生活しているが、一般の人びとにはネピドーの現況はよく知られていないようだ。

一方で、二〇〇八年五月に大型サイクロン「ナルギス」の被害を受けたイラワジ川河口のデルタ地帯沿岸部では、被災民に救援物資を届けるのすら困難な集落が多く、すべてを奪われた被災者の状況は想像を絶する。このあたりはもともとイラワジ川河口にできた砂州で、住む人もいなかった。そこへ一〇〇年ほど前から入植して米を作るようになり、現在ではミャンマーの米生産量の六〇％を担う有数の稲作地帯である。ビルマ族に加えて、カレン族など少数民族が多く入植しており、民族的にも政治的にも複雑である。

ミャンマー軍事政権は二〇〇八年七月、サイクロン被害について死者九万人、行方不明者四万人と発表した。だが、家や家族を失う被害を受けた人は二四〇万人に上るという国連の推計もある。この未曾有の大災害からの復興には、何年もかかるだろう。被災者に何をすべきか、何ができるか。小規模ながら緊急支援も行なってきたＢＡＪは、中・長期を視野に入れつつ、一過性ではない支援活動に取り組んでいる。

第2章

国外からの批判か 国内での活動か

マウンドーによくある木造の橋。雨期の激しい雨で2～3年しかもたない

1　ＵＮＨＣＲからの協力要請

ＵＮＨＣＲがミャンマーで活動する日本のＮＧＯを探しているという話を私が聞いたのは、一九九四年夏だった。古い付き合いで、そのころいっしょに活動していた熊岡路矢《みちや》（ＪＶＣ副代表。現在はＪＶＣ理事、東京大学大学院特任教授）からである。バングラデシュ国境地域で難民の帰還と再定住の促進事業に不可欠な車両やボートの整備を行う能力をもったＮＧＯを求めているという。

私たちがＢＡＪの前身のＮＧＯ「インドシナ市民協力センター」を創設したのは、その前年の一九九三年一一月である。私に加えて、根本、ＪＶＣで活動していた東村《つかむら》康文の三人で事務局を構成し、熊岡が代表。簑田も出入りしていた。私がベトナム、東村がラオス、熊岡がカンボジアとのかかわりが深かったので、将来はこの三国すなわちインドシナ地域と日本とをつなぐＮＧＯにしたいという願いから、熊岡が「インドシナ市民協力センター」と命名したのだ。とはいえ、資金は乏しく、専従スタッフをおくことは不可能である。おもに私と東村がアルバイトや副業をしながら、細々と戦後復興期のベトナムに、戦争孤児のための就学資金や米や揚水ポンプなどを贈っていた。

第1章で述べたように、ラカイン州北部からは約二五万人の難民が一九九一年から九二年にかけてバングラデシュへ流出していた。ミャンマーには一三五の民族が存在すると言われているが、この地域に住んでいるイスラム系住民はバングラデシュから川を渡って来て勝手に住みついたという理由で、ミャンマー国民として認められていない。

ミャンマー政府では国民に対し、ピンク色の「マッポン」と呼ばれるIDカードを支給している。引っ越し、就職、結婚などの社会的な手続きが必要なときには、提示しなければならない。

ラカイン州北部のイスラム系住民は、このIDカードもなければパスポートも取得できず、非常に不安定な生活を送っていた。通常の市民権も移動の自由もない。まして、行政機関の職員や警官などの公務員にはなれない。経済状況の悪化や規制の強化の影響を受けやすい。だから、ミャンマーの軍隊による取り締りが始まるらしいという噂が流れただけで、逃げることになる。一九七〇年代にも難民が発生したが、今回の流出はより大規模だった。

多くの海外NGOが本格的な難民帰還に協力したが、辺境の地であるため、難民帰還に使用する車両やボート、発電機などの機械類を整備・修理する工場がない。UNHCRは、車両や機材の多くは日本製だし、ミャンマー政府側もアジアのNGOの支援を望んでいるので、日本のNGOにぜひ参加してほしいと考えたのである。

なお、UNHCRの公式見解によれば、難民の九五%にあたる二三万六五〇〇人が帰還したという。また、UNHCRの発表では、バングラデシュ側の難民キャンプは現在二カ所だけである。しかし、実際には生活が苦しいために新たな流出者は相変わらず発生しており、非公式の難民キャンプも数多いようだ。

2 激励を受け、国内での活動を選択

当時の日本では、軍事政権下のミャンマーに入ってNGOが活動するのは結果として軍事政権への加担につながるとして、JVCを含めて消極的なNGOが多かった。協力を検討したが、自動車整備などの技術系スタッフがおらず、断念したNGOもあったようだ。結局、UNHCRからの呼びかけに応える日本のNGOはなかった。

インドシナ市民協力センターを設立したばかりの私たちにとって、ミャンマーでUNHCRの活動に協力して事業を行うというのはあまりに突然で、どう対応すればいいかさえわからなかった。これまでミャンマーとはまったく関係がないし、国際機関と仕事した経験も、英語で仕事をした経験もない。ベトナムでの活動を始めたばかりの私にとっては、別世界の話のように思えた反面、事業のイメージだけは何とか想像ができた。それは、一九九〇年ごろからJV

Ｃがベトナムのハイフォンで行なった帰還民のための技術訓練事業にかかわっていたからだ。

当時ベトナム関係の貿易会社に勤めていた私は、この技術訓練事業のために必要な車両整備の機材調達に協力して、ハイフォンを何度か訪問した。ＪＶＣとベトナム政府の担当機関であるハイフォン市労働・傷痍《しょうい》軍人・社会福祉局との打ち合わせに同席したこともある。ＪＶＣはこの組織と協力して、帰還民と地元民に自動車整備などの技術訓練を行なっていた。ミャンマーの場合も、ハイフォンと同様の担当機関（カウンターパート）があり、日本から適切な技術者を送って機材を準備できれば、私たちでもやれる可能性があるかもしれない。

九月に入って、ＵＮＨＣＲ東京事務所副代表の仲野桂子さんに会い、現地の状況やＵＮＨＣＲの意図を聞いた。仲野さんは、ＵＮＨＣＲとしてできるだけ協力するので、ぜひ活動を検討してほしいという。いまから思うと恥ずかしいかぎりだが、私はこう答えた

「活動資金が確保されるのであれば、車両の整備や技術訓練など現場での仕事はできる可能性があります。しかし、英文の報告書作成をできるスタッフはいないし、国際機関と仕事した経験もないので、自信がもてません」

どうしたものかと悩んでいたとき、マウンドーから一時帰国中だったＵＮＨＣＲスタッフの伊藤礼樹《あやき》さんが、インドシナ市民協力センターの事務所に来られた。現地の状況を説明したうえで、ぜひとも協力してほしいという重ねての要請である。伊藤さんはアメリカの大学で学

伊藤礼樹さん（左）。この場所にBAJの
技術センターが1995年10月に完成する

び、UNHCRに入って間もない若々しい青年だった。結局、ともかく現地を視察してみることにする。調査団は私と簑田の二名で、費用はUNHCRに出していただいた。

正直なところ、実際に行ってみて無理そうであれば断ればいいと、私は気楽に考えていた。一方NGO経験が長い簑田は、UNHCRに提出しなければならない報告書や今後の事業計画などについて、この時点でしっかり考えていたようである。

UNHCRと話し合うかたわら、ミャンマーにかかわりが深い人たちにお会いして、軍事政権下での活動についてどのように考えるか、意見を聞いていった。ビルマ人留学生の世話をしてこられた元日本軍兵士・片岡さんの関係でお会いしたことがあったNHK国際局ビルマ語班の田辺寿夫さん（ビルマ情報ネットワーク）や、複数の留学生たちである。多くは軍事政権に批判的な人びとだが、いざ話してみると、私の予想に反してミャンマーでの活動に否定的な人はいなかった。しかも、ほとんどが逆に激励してくださるのだ。

軍事政権への加担につながる、極限状況の現地の人びとに本当に手を差しのべられるのかというNGOの厳しい論調に比べて、ミャンマーにかかわりの深い人びとからは現地への暖かい思いが感じられた。現地に入れるのであれば、入って活動する立場もあるとも言われた。

一九八八年九月のクーデター以降、軍事政権が続き、国際社会から大きな批判をミャンマーが浴び続けてきたのは、まぎれもない事実だ。そうしたミャンマー政府に対するNGOの態度には、大きく分けて二つの立場がある。

一つは、軍事政権の非正当性と閉鎖的・抑圧的な政策を国外から批判し、国際的な圧力をかけて現状を変えていこうとする立場である。もう一つは、現状の可否は別として、ミャンマー国内に入って、ミャンマーの人びととともに活動する立場である。

日本のNGOに加えて、世界的なNGOの一つであるオックスファムも前者の立場をとり、ミャンマーでは活動していない。後者のNGOには、BAJより先に活動を開始していたフランスのGRET（Group de Recherche et d'Echanges Technologiques＝技術交流研究グループ、農業支援）やACF（Action Contre la Faim＝飢餓撲滅運動、水供給）、オランダのAZG（Artsen Zonder Grenzen＝国境なき医師団、保健・医療）などがある。ただし、これはどちらが正しいというのではなく、各団体や各個人がどちらを選ぶかという問題だ。

二〇〇八年五月のサイクロン被災の際、多くの国際機関や外国政府・NGOがミャンマー政府に対して被災者の支援や救援のための入国を求めたが、政府側は応じなかった。ミャンマーに入って活動するには、まず入国ビザが必要である。日本のNGOならば、東京のミャンマー大使館で入国ビザを申請し、取得して、法律や規制に従って行動しなければならない。ミャンマー政府批判を積極的に行いつつ、ミャンマー国内で活動するのは、事実上不可能だ。政府批判を重視するのか、困難な状況におかれた現地の人びとのもとでの活動を優先するのか、選択せざるを得ない。

BAJはたまたまUNHCRから要請があって、ミャンマーに入るきっかけを得た。そして、厳しい現実を目の当たりにし、そのなかで私たちにできることが少なからずありそうだと考え、国内で活動するという決断をしたのである。そう考えた理由について、第3章で詳しく述べよう。

第3章

迫られる決断

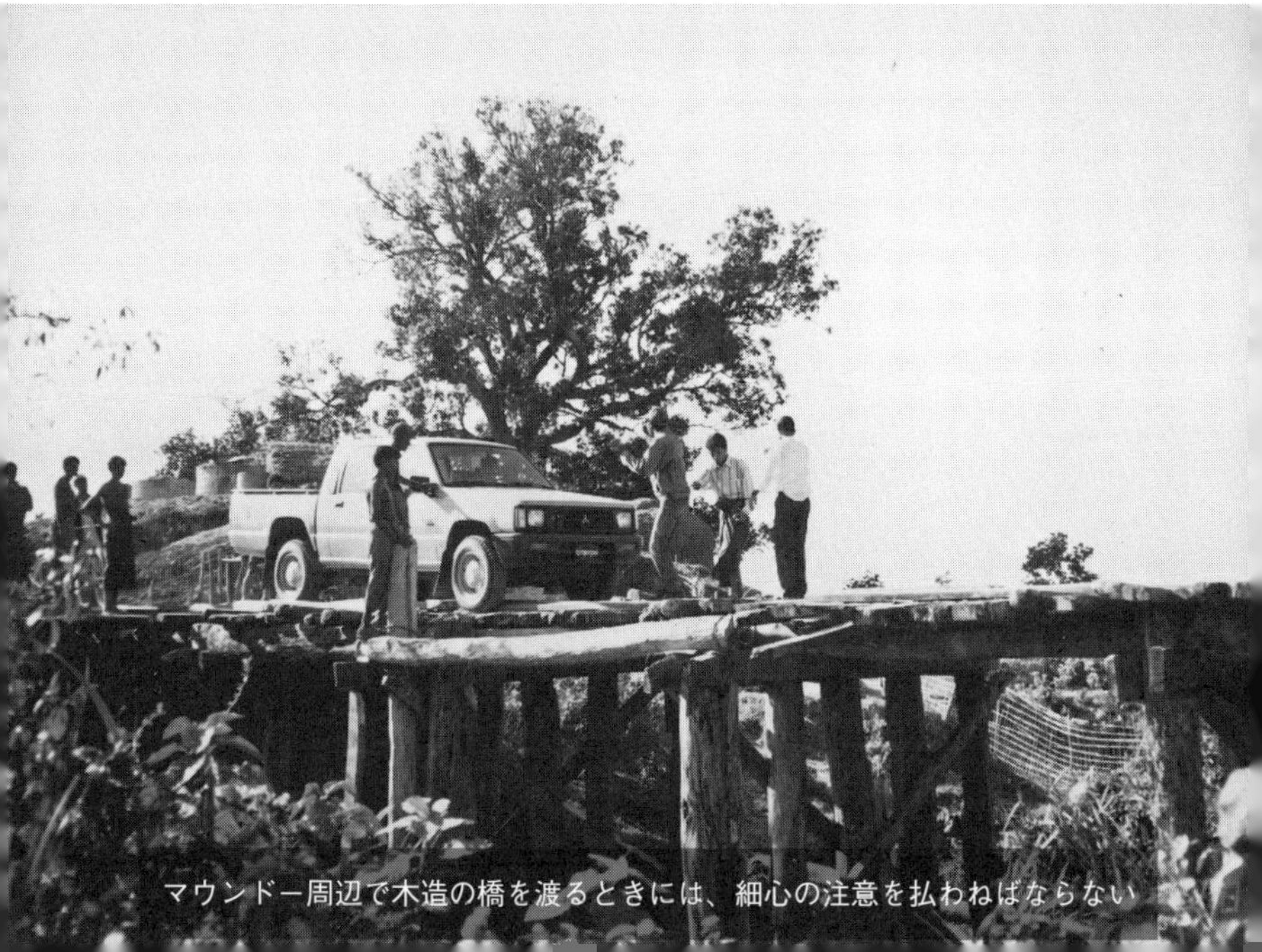

マウンドー周辺で木造の橋を渡るときには、細心の注意を払わねばならない

1　想像を超えた辺境の地マウンドー

ＵＮＨＣＲとの話し合いを経て、事業の実行可能性調査（フィージビリティ・スタディ）のために私と簑田がミャンマーに飛んだのは一九九四年一〇月上旬だ。簑田は、ポルポト政権崩壊後のカンボジアに初めて入った日本人であり、スリランカやブータンでさまざまな活動や国際機関との仕事を経験している。事前の情報に乏しい地域で、何をどうすればよいのか、頼りになる同行者だった。

当時の首都ヤンゴンに到着して、ＵＮＨＣＲの事務所を訪ねる。プログラム・オフィサーのハンス氏、プロテクション・オフィサーのニコラス氏、ミャンマー人スタッフのゾーミン氏の出迎えを受け、マウンドーの状況やヤンゴンからの交通手段を説明してもらう。まずは、飛行機でシトウェまで行かねばならない。

ヤンゴン空港の国内線乗り場で、パスポートはもちろん移動許可証を持っているかなど国際線のような厳しいチェックを受け、ようやく飛行機に乗り込んだ。機内では、最前列に僧侶、続いて軍人、外国人、その後に一般のミャンマー人となる。

第1章でふれたようにシトウェはラカイン州の州都である。ヤンゴンからは一カ月に一回運行する船便があるものの、実質的には週三便の飛行機が唯一の交通手段だ。ありったけの荷物を持ち込んだと思われる乗客で満席だった。シトウェまでは一時間あまり。近づくと、上空からも一目で牢獄とわかる大きな建物が見え、中世にタイムスリップしたかのようである。

シトウェ空港にはＵＮＨＣＲのカウンターパート（受け入れ担当機関）である出入国管理国民登録局（ＩＮＤ、出入国管理と税関の機能を併せ持つ機関）の人たちが出迎え、宿舎に連れて行ってくれた。ミャンマー海軍の基地やシトウェ大学があり、英国植民地時代の面影を残した建物も多いが、新しい建物はほとんどない。腰と足を鎖で束縛されて歩く囚人の一団に出くわしたこともあって、暗い印象を受けた。しかも、電気が供給されて電灯がつくのは夕方の短時間だけ。すぐに真っ暗闇になった。

翌日の早朝、シトウェ港から定期船でマユ川を北上し、ラカイン州北部の町ブティダウンに向かう。シトウェ港の船着き場は、多くの乗客と荷物でごった返していた。警官が梱包した荷物の中身を容赦なく引っ張り出して、検査する。なかでも、イスラム教徒の乗客に対する乱暴な扱いに驚かされた。乗客は、ばらばらにされた荷物を抱えて船に乗ろうと必死である。差別と迫害を地で行くような場面に心が痛んだ。

後で聞けば、その四カ月前にマウンドーでイスラム系住民の独立を主張する武装組織による爆弾事件があり、仏教徒であるラカイン族の警官は殺気だっていたらしい。こうしたテロは数

スティーマーと呼ばれる定期船。２階の左が１等船室で、１階の２等船室はごった返している

年おきにシトウェで起きており、ＢＡＪスタッフが命からがら宿舎から逃げた経験もある。

シトウェ港の荷役設備を調査して車両や重い機械の輸送のめどをつけておこうと考えていたが、木製の桟橋があるだけで、クレーンはない。基本的に人力のみで、あとは工夫しだいということのようだ。港の近くで目立つ建物は、精米所とミャンマー石油製品公社（ＭＰＰＥ）の小さな石油タンクだけ。定期船以外には、数隻の大きめの木造船が停泊しているくらいだった。一日の干満の差は一・五〜二メートルもあるという。

多民族国家と民族差別の現実に接した私たちは、この定期船でマユ川をゆっくり北上する。現地でスティーマーと呼ばれ、一九五五年に発効した賠償協定で日本が供与した船もまだ現役で走っていた。ブティダウンまでの約七五キロは一〇時間、ときには一二時間以上かかる(一一ページ参照)。

マユ川の両岸は、ところどころにマングローブが生え、水田も開けていて、水牛や子どもたちの姿が見られた。ときどきすれ違うのは、もっぱら手漕ぎの小さな舟だ。一人か二人で漁をしたり、数人のお客を乗せたりしている。エンジン付の船には出会わなかった。

マユ川をさかのぼってブティダウンへ
20世紀前半か19世紀の日本の風景だ

遠くにアラカン山脈を見ながら、船は本当にゆっくりと進んでいく。この川では、スティーマー

ブティダウンの船着場。人であふれている

が一番大きな船のようだ。私たちは一等船室に乗ったが、布製の寝椅子があるだけ。二等船室は、人と荷物で一杯だった。空には見たこともない鳥が飛びかっている。数十年間も、いやもしかしたら一〇〇年近くも、雄大な自然がそのまま残ってきたのかもしれない。

四～五時間で経由地のラティダウンに到着。事前にＵＮＨＣＲから「ここで必ず行っておけ」と言われていた船着き場のトイレに行く。丘の上にパゴダがあり、そこまでの尾根道には屋根が付いている。パゴダ以外に目立つ建物はなかったが、このあたりでは大きな町のようだった。

ゆっくりした自転車よりも、さらに遅いスピードで四時間以上が経った後、ようやくブ

崖から落ちて修理不能になったUNHCRのランドクルーザー

ティダウンに着く。人は多いが、木製の桟橋と倉庫以外の荷役設備はなかった。どうやって機材を運ぶのだろうか？　想像以上の辺境の地だ。

ブティダウンには、UNHCRのマウンドー事務所から伊藤さんが迎えに来てくれていた。マウンドーに向かう車中で聞かされたのは、野生の象の話である。険しい山道を二時間かけて走らなければならないが、途中のトンネルで象に出くわし、象を怒らせないように、必死で車をバックさせて逃げたそうだ。最近はUNHCRのランドクルーザー（四輪駆動車）が谷に落ち、ようやく引き上げたばかりだという。

乗客で鈴なりのトラックが橋から落ち、死体が車両の下敷きになっている現場に出くわしたこともある。危険な木製の橋でケガ人や死者が出るのは、日常茶飯事だ。橋を通るときは、私たちは自動車からいったん降りる。そして、自動車が無事に通過するのを確かめてから、歩いて慎重に渡った。

第二次世界大戦中は線路が通っていた地域もあったようだが、山道には排水用の側溝もない。ただ道を通しただけといった趣で、谷側の路肩も山側の崖も崩れやすいという。

なかでも、ブティダウンからマウンドーまでの四〇キロは、第二次世界大戦当時から使われている古い道路(通称BM街道)だ。二〇〇〇年と最近では二〇〇八年に、ケタはずれの降雨量で土砂崩れが頻発して、道路が寸断された。木製の橋は通過するたびにぐらぐらして、車に振動がしっかり伝わってくる。二つのトンネルの脇では、兵士が数人ずつ駐屯して警備に当たっていた。一部分だけアスファルトで簡易舗装されていたが、ほとんどが未舗装の山道だ。

ここで、ラカイン州北部の概要を説明しておこう。この地域は、マウンドー、ブティダウン、ラティダウンという三つのタウンシップから成り立っている。タウンシップは、日本で言えば郡にあたる。人口は公式には約八八万人だが、実際にはもっと多いと思われる。八〇%がロヒンギャーと呼ばれるイスラム系、残りは仏教徒のラカイン族、ヒンズー教徒、そして精霊信仰(アニミズム)の山岳少数民族だ。

バングラデシュとの国境は後から人為的に決められたもので、第二次世界大戦中の一時期は

少数民族のカミー族。男性はまげを結って髪飾りをつけ、化粧している

インドの一部であり、それ以前はアラカン王国としてラカイン族が支配していた。そのため現在のバングラデシュ側にも仏教徒がいるようだ。

少数民族は、ジュマとかチッタゴン丘陵少数民族と呼ばれる。カミー族、テッ族、ガトゥー族はとくにマイノリティーで、文明社会とはまったく異なる生活を送っている。この地域は、外国人は移動許可証がないかぎり移動できないので、少数民族の村は訪問できない。たまに市が立つときに、着飾った彼らが山から下りてくるのを目にするぐらいだ。

カミー族は、ラカイン州北部に加えて、チン州南部、バングラデシュ、インドに住み、いまも米が通貨の代わりとなる物々交換で生活している。男性は髪を長く伸ばし、口に紅をひき、化粧をする。正式な統計はないので人口はわからないが、ミャンマー側に数千人、バングラデシュ側にはもっと多いと思われる。

テッ族はアジア系だが、女性が葉巻を吸い、特有の化粧をして、耳に大きな穴を開けて飾りを着けている。本来は精霊信仰だが、仏教徒と書かないとIDカードが支給されないため、現在は公式には「仏教徒」である。BAJのスタッフにも二人のテッ族がいる。

ガトゥー族はモンゴロイド系の仏教徒で、バングラデシュからの難民としてミャンマー側が受け入れた特異な少数民族である。もともとはインド領内に居住していたが、バングラデシュやインドの仏教徒は少数派であるがゆえに迫害を受けるケースがあり、ミャンマー側のイスラム教徒と同様、さまざまな困難に直面している。二〇〇三年に、ミャンマー政府が受け入れを表明した。服装や生活は現代風だ。

実は、これらの少数民族のほかに、もうひとつの民族がいる。それは、ヤンゴンから強制的に連れてこられたビルマ族である。

通称「戦略村」と呼ばれるコミュニティが次々に形成されている。都市部の刑務所の服役者や住所不定の人たちが暮らす、政治的につくられた村だ。彼らと旧住民との間ではしばしば事件が起き、治安は悪化している。政府はイスラム系住民が固まって住むことを恐れて、仏教徒の入植を進めてきたのである。一〇〇の戦略村をつくる計画で、すでに四〇村ができ、二～三万人が移住したという。とはいえ、厳しい生活環境に耐えられず、逃亡者も多いそうだ。こうした実態は、公表されていない。

また、マウンドーのロヒンギャーには、IDカードが支給されていないから、移動が自由にできず、三つのタウンシップから出ることは一切認められていない。ヤンゴンはもとより、州都シトゥェにさえ行けないのだ。IDカードを持っていないと、大学の入学も、結婚さえも、政府の許可なしでは不可能である。

マウンドーで難民帰還事業の中心を担うUNHCRは、IDカードを持っていないイスラム系住民たちに対して臨時に白い登録証を発行している。このカードを橋や道路などに設置されている番所(ゲート)の役人に提示すればゲートを通り抜けられるが、行動範囲が規制されていることに変わりはない。

東アジアから南アジアにかけては、モンスーンアジアと呼ばれる比較的湿潤な地域が広がり、古くから水田稲作が発達して多くの人口を養ってきた。モンスーンは、季節によって吹く方向が異なる季節風である。毎年五月ごろ、南半球のインド洋上空に巨大な高気圧が発生し、アジア大陸が暖められて低気圧が発生する。水蒸気を多く含んだこのモンスーンは、ヒマラヤ山脈にぶつかって分厚い雲となり、東に大きく進路を変える。インドシナ半島付近では、南西モンスーンとなって各地に雨を降らせ、一〇月下旬まで雨期が続く。その間、水田では稲作が行われる。

マウンドー付近は、背後にアラカン山脈が連なっている。ベンガル湾から吹きつける湿った季節風は、このアラカン山脈にさえぎられて、手前に位置するラカイン州北部一帯に雨となって降り注ぐ。四〇〇〇～五〇〇〇ミリにも達する雨が雨期に集中して降る、世界有数の豪雨地帯だ。そして、雨期の始まりと終わりにサイクロンが頻繁に襲来する。最近は、気候変動の影響か降雨量が増えている。二〇〇八年は八月末時点で前年の総雨量を超えた。

2 NGOがいるだけで意味がある

国連職員というと、ビジネスクラスの飛行機に乗ってエリート風を吹かす鼻持ちならない人物というイメージが、私にはあった。しかし、マウンドーでは、困難な状況のもとで彼らはみな奮闘していた。

豪雨地帯だから、蚊が多い。建設中のUNHCR宿舎の一部屋に泊めてもらったが、部屋には蚊がまるで竜巻のように飛び交っていた。当初は借り上げた宿舎が豪雨で浸水し、ハンモックを吊って寝るしかなかったという。しかも、ミャンマー政府も含め、現地の行政機関は必ずしもUNHCRに対して協力的ではない。そこで頑張るスタッフを見て、私のイメージは大き

次々と建て増しして複雑な形になったUNHCRの事務所兼宿舎

く変わった。それにしても、難民帰還事業はもとより、衣食住の確保すら容易ではなさそうだ。

UNHCRには四台のトヨタのランドクルーザーがあったが、一台はすでに調子が悪く、まともに走るのは二台のみ。その一台を私たちのために提供して、マウンドー所長のアリアス氏（マレーシア人）が現地を案内してくれる。バングラデシュからの帰還民を最初に収容するレセプションセンター、付近の学校、周辺の村など四輪駆動車で行ける限りのところまで行った。雨期の終わりで、道はぬかるんでいた。木の橋は壊れていて、何度か川に乗り入れて渡る。おかげで、マウンドーの道路状況がよくわかった。

道路は二本しかない。ブティダウンからマ

ウンドーへ東西に走る通称ＢＭ街道と、バングラデシュ国境に通じる南北に走る道路だ。当初、私はラカイン州北部の道路地図を入手しようと思っていたが、運転手の気さくなミャンマー人サナイ氏に言われた。

「地図はありません。仮にあっても、橋がよく壊れていて迂回するから、意味ないですよ」

マウンドーには機械修理屋さんらしき店があるにはあったが、車両整備は明らかに無理だった。現役で走っているのは、戦時中の軍用車だったウィリージープや、一九四〇～五〇年代のゼネラル・モーターズ（ＧＭ）のトラックなどである。道路工事を行う公共事業局（ＰＷＤ）には、一九六〇年代製造と思われるいすゞ自動車のダンプカーがあり、警察署にはやはり六〇年代製のランドクルーザーが動かないまま置いてあった。マツダのジープや、日野自動車のボンネットタイプの大型トラックも見かけた。いずれも、戦後賠償協定以降に日本が現地生産したという。比較的新しいのが、数台の七〇年代に製造した日本車だ。

おそらくマウンドー全体で自動車の数は二〇～三〇台、一番まともに動く車を持っているのはＵＮＨＣＲだろう。燃料は質が悪く、たいてい水や砂などの不純物が混入されて、水増しされている。数年後にヤンゴンの自動車修理工場をいくつか訪ねたが、最近の車両を十分整備できる技術レベルにはほど遠く、現在もあまり変わっていない。

簑田がエンジニアであると知ったＵＮＨＣＲのスタッフは、工具を持って来て、すぐにでも自動車整備をしてほしいと頼んだ。難民帰還業務に携わり、帰還民や村人の話を聞いて彼らの厳しい状況を理解しているスタッフは、私たちに難民帰還事業への参加を促した。

「こんな辺境の地で何が起きているか、世界中の誰にもわかりません。けれども、ここにも小さいとはいえ国際社会があり、国際機関や海外のＮＧＯが駐在しているという事実こそ、地域の人びとの人権にとって非常に大切です。極端に言えば、何もしなくても、海外のＮＧＯがいるだけで意味があります。ぜひ、ここへ来てください」

一方で私は、現地の政府機関のなかでどこがカウンターパートになるのか気になっていた。何をやるにせよ、協力相手が問題である。ＵＮＨＣＲに頼んで可能性のありそうな政府機関や団体を訪問したが、それぞれが機能しているのかどうかさえはっきりせず、適切な存在は見当たらなかった。もっとも、隣国に流出した二〇万人以上の難民が帰還してくるなかで、行政がきちんと機能するはずもない。ＵＮＨＣＲやミャンマー側各機関の意見を判断しながら、一つひとつの問題に個別に対処せざるを得ないようだった。

ＵＮＨＣＲは出入国管理国民登録局と実質的な打ち合せを行い、難民帰還事業をはじめとする地域のすべてを統括していた。海外ＮＧＯであるＢＡＪも、出入国管理国民登録局との連絡・調整や許可の取得などが必要になる。

干満の差が大きいマウンドーの船着場。満潮時用に桟橋が高くなっている

3 やらなければ後悔する

マウンドー周辺の村の様子や帰還民のレセプションセンターの視察、行政機関の訪問などで忙しい私に、簑田が言った。マウンドーに入って、一〇日目ごろである。

「マウンドーでやるかやらないか、そろそろ決めないと、世話をしてくれている多くの人たちに迷惑をかけることになります。実行可能性調査の報告書をまとめて、東京でみんなと相談して決めるのもいいけれど、結局は現場を訪れた私たちの意見が重要です。責任者である新石さんが、そろそろ決める必要があるのでは？　やる可能性がないのなら、早めにそう言ってあげたほうがＵＮＨＣＲ側にも親切ですよ」

いちいち、もっともである。新しい土地での新しい人びととの日々の対応で、あわただしい日々を過ごしていた私は、もっとも大事な任務を改めて指摘されたのだ。

とはいえ、マウンドーはもちろんミャンマーすら初めてだし、国際機関との仕事も経験がない。人材は簑田がいるから安心だが、彼以外に整備士（メカニック）や連絡・調整員などが必要になる。その心当たりはないし、見つかるかどうか見当もつかない。つくったばかりのインドシナ市民協力センターを今後やっていけるかどうかの見通しもつかず、不安だらけである。

日本では内心、車両の修理や整備でいよいよ困ったらトヨタ自動車などのメーカーに頼めばいいと考えていた。しかし、実際に現地の状況を知るにつけ、商業ベースでは採算が取れず、修理や整備の引き受け手がいるとは思えない。そして、難民帰還事業はすでに始まり、日本の明治時代以前のような過酷な環境のなかで、UNHCR職員は故障した車両の修理もままならず、苦労している。「海外のNGOがいるだけで意味があります。ぜひ、ここへ来てください」と言ったUNHCR職員の言葉が脳裏をかけめぐった。

資金の確保が前提だが、マウンドーに簑田が駐在し、現地スタッフを確保して、機材の調達を私が担えば、何とかやれる気もする。ただし、車両の修理や整備だけでなく、会計や連絡・調整、報告書作成などが必要になる。地域社会や現地政府は、私たちにどう対応するだろうか。そもそも、現地でスタッフを確保できるのだろうか。

しかも、ごみ処理に苦労しているベトナムのハイフォンやフエに対する中古のごみ収集車（ごみの積み込み装置が付いたパッカー車）など六一台の送付事業がようやく一段落して、ベトナムでの活動を本格的に進めていこうと考え始めた矢先である。ミャンマーは情報が乏しいうえに、外国人に対する規制が厳しい。味方になってくれそうなのはＵＮＨＣＲと日本大使館ぐらいだ。頼るべき人はいないし、組織もない。

だが、私たちがこの難民帰還事業への協力を断れば、日本から参加するＮＧＯはない。ＵＮＨＣＲは参加しそうなＮＧＯを各国から改めて探し出し、ミャンマー政府と再交渉しなければならない。難民帰還事業はさらに遅れるだろう。

ＵＮＨＣＲやＮＧＯが車両を自由に使えなければ、難民帰還事業全体に支障をきたすことは明らかだ。車両など機材の保守・管理は、難民帰還事業を支える命綱でもある。さらに、第二次世界大戦中に日本軍がこの地で英国軍と戦い、相当な被害を住民たちに与えたにもかかわらず、その後の復興に日本がまったくかかわってこなかったことも大いに気になる。

さまざまな思いが去来して、考えがまとまらない。単なる実行可能性調査のはずだったのに、えらいところに飛び込んでしまったというのが、正直な気持ちだった。

もっとも、ミャンマーの状況やＵＮＨＣＲの業務がすべてわかったからといって、決断でき

ると は限らない。逆に、わからなくても、やると決めれば、やれるだろう。

最終的に、不安要素は大きいが、何もやらずに後悔するよりも、やれるだけやってみて、どうしても無理ならその時点で対処すればよいと考えた。「義を見てせざるは勇なきなり」「人事を尽くして天命を待つ」心境である。マウンドーの状況、出会ったミャンマーの人びとのやさしさ、ＵＮＨＣＲや日本大使館スタッフの暖かいサポート、日本で話を聞いたミャンマー関係者の意見も、後押しとなった。

かつての日本は英国軍と戦うためにマウンドーに来たが、私たちはいま平和と発展のための活動をしようとしている。五〇年後にＮＧＯがこの地域にかかわるのも何かの縁だ。ＵＮＨＣＲも、ＢＡＪには無理と判断したなら、連れて来なかっただろう。帰還難民を含めた人びとの役に立てる可能性があるのだから、やれるだけやってみよう。それが、簑田と話し合った末の結論である。

さらに言えば、決断の決め手は状況の分析だけではない。自分がどのような人生を選ぶのかという選択の問題でもあった。

とはいえ、決断した夜、蚊がウワンウワンと渦を巻いて飛び回るＵＮＨＣＲ宿舎で、なかなか寝付くことができなかったのも、また事実である。

第4章

平和のための活動の開始

マウンドーの技術センターで使用する大型機材がブティダウンの船着場に到着

1　正式契約の前にヤンゴンへ

一九九四年一〇月後半に帰国し、UNHCRへの報告書作成、その英訳、事業計画書や見積書の作成、ミャンマー派遣の候補者探し、機材調達の準備など、多くの仕事が始まった。また、ミャンマーで活動するのにインドシナという名称ではよくない。そこで、運営委員(理事)の方々に相談して検討の結果、一一月に「ブリッジ エーシア ジャパン(BAJ)」へ改名した。アジアの人びとと日本の人びとの間に心の橋、相互理解と信頼の橋を架けようとの主旨からである。

ところが、タイミングが悪いことに、インドシナ市民協力センター代表の熊岡が翌年の六月にJVCの代表に選出されることが判明する。熊岡がミャンマーでの活動にかかわるのはむずかしくなるので、新生BAJの代表は根本に交代した(一九九五年一月)。国連機関や日本政府との交渉、さらにNGOの業務に習熟している熊岡がいっしょにやってくれると考えていた私は困惑したが、いまさら後戻りはできない。

その合い間をぬって、一一月には二回にわたってベトナムにNGO活動の評価と環境調査のために出張した。さらに一二月にも、数年かけて日本の地方自治体の中古ごみ収集車をベトナムの一三の地方都市に送った関係で、自治労（全日本自治団体労働組合）の環境調査団を案内してベトナムに行った。

国際協力に限ったことではないが、新たな事業を始める場合、本来ならば、まず依頼主（この場合はUNHCR）と契約を取り交わし、予算や条件をしっかり確認する。しかし、そのころの私はまだ国際標準を認識しておらず、日本の中小企業的な考え方だった。つまり、文書は大事だが、責任ある立場の人間の言葉は文書と同じように守られると考えていたのだ。

国連や欧米社会では、お互い会っているときは、にこやかに話す。その一方で、取り決めの具体的な内容はすべて文書で厳しく確認しながら仕事をするのが常識である。だが、そのころの私は、それがわかっていなかった。「青かった」と言えば、それまでなのだが……。

契約に時間がかかるのなら、後回しでもいい。現場が一日も早く来てほしいと言っている以上、できるだけ早くスタッフを派遣し、活動を開始するべきだと、私は「素直に」考えた。なにしろ東京でもミャンマーでも、UNHCRの責任ある立場の人間が「BAJの能力が足りない部分はカバーする。予算面は心配しなくてよい」と言っているのだから。

これが後から大問題になろうとは、当時は思いもしなかった。契約書は交わさないまま、調達に時間のかかる機材の見積もりを業者から取り、一部は注文して、現地に持ち込む準備を進めていく。

こうして、二カ月半後の一九九五年一月、私、簑田、青年海外協力隊出身の整備担当者など計四名が、可能なかぎりの工具を持ってヤンゴンへ向かう。四名がそろったのが一六日。翌日に起きた阪神・淡路大震災を知ったのは、ヤンゴンで見たテレビである。整備担当の巽保《たつみたもつ》は神戸市出身で、家族は無事だったが、自宅が被害を受けた。仮に出発が数日遅れていたら、ミャンマーには来られなかっただろう。

BAJ がヤンゴンで最初に契約した事務所

ヤンゴンへ着くと、まずは、UNHCRのヤンゴン事務所や日本大使館などを訪問して挨拶まわり。そして、旧知のミャンマー人家族の助けを借りて、ヤンゴンでの事務所兼宿舎探しを始めた。当時の在留邦人は約二〇〇名。かつて軍人・軍属（文官や技術者など、兵隊や武官以外で軍隊に所属する者）・民間人合わせて約五〇万人もの日本人が住んでいたとは思えないほど、日本の影は薄かった。英国やフランスのＮＧＯは、昔からミャンマーに縁のある同国人の関係で、便利がよい場所の広い建物を格安で借りていたが、私たちは日本人に頼るわけにはいかない。なんとか見つけて、契約にこぎつけた。

マウンドーでも宿舎兼事務所を探し、修理工場兼技術センターの場所を選ばなければならない。三カ月前のマウンドー訪問のときは、私たちはいわばＵＮＨＣＲの「お客さん」だったが、今後はすべてを自分たちで進めなければならない。シトウェやブティダウンでの交通の手配など自力で不可能なことはＵＮＨＣＲに依頼したが、到着後に何時間も待ちぼうけをさせられる場合もあった。「お客さん」のようには対応してもらえないのである。

マウンドーでの拠点は、ＵＮＨＣＲとの協議をふまえて、ＢＡＪが国境出入国管理本部（ＢＩＨＱ）と相談して決めた。国境出入国管理本部の担当者は、「どこでもいいから選んでくれ」と言う。そうは言っても、簡単には決められず、マウンドー中を走り回って検討した。結局、雨期に水浸しになる場所を避けて、ブティダウンとマウンドーを結ぶＢＭ街道沿いの、標高が一番高い水田を選んだ。広さは一〇〇メートル×七〇メートルだ。国境出入国管理本部側はおそらく、安い価格で接収するだろう。そこで、土地所有者の息子をＢＡＪがしばらく守衛として採用し、土地代の不足分を補うようにした。

こうした過程で感じたのは、小さいとはいえ組織であることのありがたさだ。ミャンマー政府側や国際機関などから活動内容や目的を根掘り葉掘り聞かれても、「私たちはＢＡＪという組織の人間です」と言えば、先方はそれなりの対応をする。ＢＡＪの実態は知らなくても、ともかく組織として対応してくれるのだ。私たちも「本部と協議し、本部の了承が必要」という対応が可能になる。個人であれば、そうはいかない。「組織がその構成員である個人を守り、個人は組織によって守られている」ということを、ミャンマーでは身をもって感じさせられたものだ。

そして、仕事をしていくなかで、ＢＡＪは徐々に組織としての体裁が整っていく。簑田は「個人は組織に守られるのですよ」と言ったが、生まれたばかりの小さな組織であるＢＡＪもその例外ではなかった。

2　ＵＮＨＣＲとの契約交渉

ＵＮＨＣＲとの契約内容については、ヤンゴン事務所と交渉していった。当初は自動車の修理が中心と聞いていたが、ボートの維持・管理もやってほしいと言う。ＵＮＨＣＲは、中国製の小型ボート(七〜八人乗り)を購入していた。それにヤマハ発動機製の二〇〇馬力の船外機

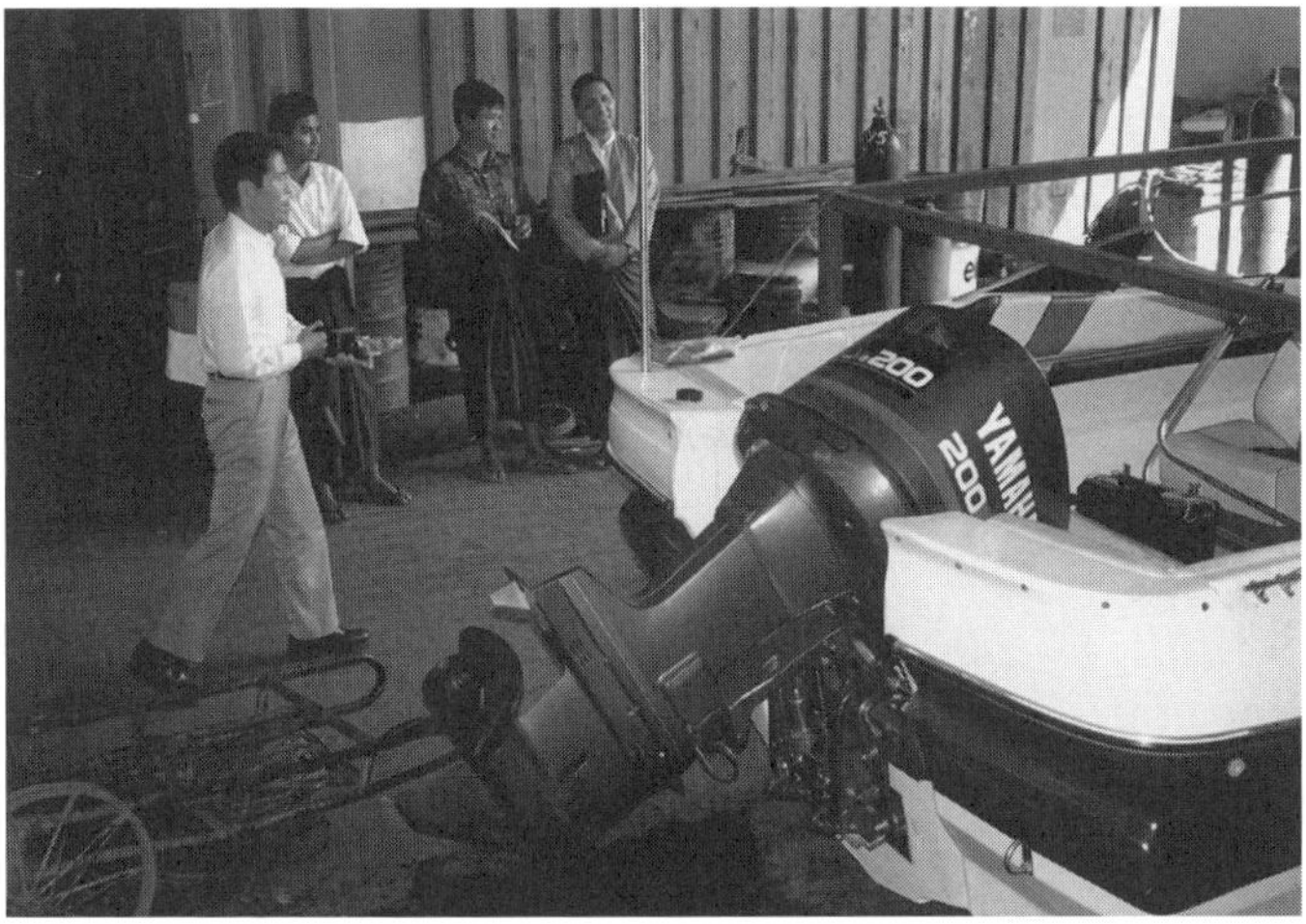

船外機を搭載してUNHCRへ小型ボートを引き渡した

（エンジンやスクリューなどが一体となった船の推進器）を搭載して、シトウェ・ブティダウン間や周辺の水路で使いたいので、その修理・整備も頼みたいと言うのだ。これは私たちにとって想定外だった。

自動車修理なら簑田も巽も経験があるし、私もハイフォンの事業で、ある程度は想像がつく。しかし、船外機やボートの維持・管理について経験をもつスタッフはいない。ヤマハ発動機にも協力してもらわなければならない。

しかも、二〇〇馬力の船外機は、通常はレジャー用で、燃料に何が混入されているかわからないような地域で使うものではない。おまけに、故障してもマウンドーには整備工場もない。さらに、これは後からわかったことだが、見積価格が安かったせいか耐久性にも欠けていた。ＵＮＨＣＲの不適切な機材調達のおかげで、ＢＡＪは数年にわたって苦労することになる。

事業資金については、ＵＮＨＣＲから「心配しなくてよい」と言われていた。私は文字どおりにそれを理解したが、これは当然にも「ＵＮＨＣＲの規則に則ったうえ」の話だったのである。私たちはそうした規則は露知らず、マウンドー事務所の責任者の甘言を信じて、ＢＡＪの東京事務所の経費も含めて「心配しなくてよい」のだろうと考えていた。ところが、事業資金の約一〇％が東京事務所の経費として必要であるという私たちの予算見積もりに対して、「その経費は一切負担できない」と言って、全額削ってきたのだ。私は早速、ヤンゴン事務所に掛け合った。

「そちらのマウンドー事務所の責任者が『資金については心配しなくてよい』とおっしゃったので、安心していました」

「その話は、ジュネーブのＵＮＨＣＲ本部や東京事務所にしてください」

現地ではすでに、簑田たちが業務を始めている。ヤンゴン事務所と話を早急につけて、契約しなければならない。ほとほと困った。

そのとき相談に乗ってくれたのが、フランスのＮＧＯ・ＡＣＦ（三三ページ参照）の現地代表者ジョン・フランソワ氏だ。彼はアジア好きの気さくなフランス人で、私たちの話を聞くと、こう助言してくれた。

「UNHCRにはMission Cost（渡航費）という予算費目があり、現地に出張するスタッフの経費は支出可能なはずです。この費目で要求してみたらどうですか」

私は少なくとも、年間に四回はマウンドーへ行かなければならないだろう。一回が約三週間として、他のスタッフの出張も考慮すれば、最低で年間一〇〇日の出張経費が必要となる。交渉の結果、私の出張経費相当分として一日二〇〇ドル、年間八〇日分で合計一万六〇〇〇ドルが東京事務所経費として支出されることに決まる。ヤンゴン事務所の担当者は、こう言った。

「不足分は、外務省やUNHCRの東京事務所かジュネーブの本部と交渉してください」

ともあれ、東京事務所経費を多少は獲得できたので、正式契約を取り交わし、ミャンマーでの一年目の活動が名実ともに始まる。

帰国後に、不足分の件をUNHCRの東京事務所で話すと、「UNHCRのミャンマーでの活動資金は日本政府もかなり負担しているので、外務省に話してほしい」という。しかし、ヤンゴン事務所、東京事務所、外務省、ジュネーブ本部と話がぐるぐるまわるうちに数カ月が過ぎ、結局は追加の経費はもらえないままとなってしまった。

いまとなっては、契約内容をよく検討して交渉した後に、事業を開始してスタッフを雇用すべきであったと思う。だが、当時は現場の厳しい状況とUNHCRスタッフの苦労を知って、一刻も早く行って協力しなければと思いつめ、口約束だけで突っ走ったのである。

そんな高い授業料を払いながら、国際機関との仕事のやり方を少しずつ学んでいった。日本のＮＧＯが国際機関と丁々発止で交渉して渡り合うには、各機関の本部をときどき訪ねて、「営業」や交渉する必要があるだろう。ただし、ＢＡＪはＵＮＨＣＲとの業務を始めて一四年になるが、一度もジュネーブに行ったことはない。旅費がかかるし、大きなＮＧＯと同じ行動は無理だからである。いずれにせよ、国際機関との仕事に習熟するのは容易ではない。

また、ミャンマーの活動でもっとも困ったのは、通信状況の悪さである。なかでも、マウンドーとの連絡がむずかしかった。当時のマウンドーには電話がなく、山道を車で二時間かけてブティダウンまで行かなければ、ヤンゴンへの連絡さえできない。しかも、ブティダウンの郵便局から国際電話がかかってきても、たいていは回線状態が悪い。「もしもし」「もしもし」と呼び合うだけで終わってしまったこともあった。マウンドーのスタッフが元気かどうかは、「現地に行ってみなければ、わからない」という状況だった。

私は、二月にはベトナムからの環境調査団を日本に迎えなければならなかったので、簑田たちを残していったん帰国した。調査団はハノイとフエからで、『日本の公害経験』(地球環境経済研究会著、合同出版、一九九一年)という書籍のベトナム語版が出版されたのに伴って招いたものである。霞ヶ浦(茨城県)浄化の市民運動、足尾銅山(栃木県)の鉱害と闘った田中正造の足

ヤンゴン事務所の開所式。左から２番目がドイツ出身のお坊さん

跡、東京都のごみの最終処分場（江東区夢の島）などをいっしょにまわり、日本の環境保全活動家たちとの交流を深めた。ミャンマーで事業を始めたからといって、ベトナムでの活動をおろそかにしていたわけではない。

三月後半には再度ミャンマーに出張する。簑田たちの努力で、ヤンゴンとマウンドーの現地スタッフが決まった。中継地点のシトウェにも拠点が必要なので、若いスタッフ見習いを採用し、事務所兼宿舎も確保した。

3　慈悲と監視のはざま

ミャンマーでは宗教が生活に根づいている。私たちがヤンゴン事務所を開設すると、簑田が話があるという。

「ヤンゴンでは事務所を開いたら、お坊さんに来てもらい、開所式をするのが普通です。それが終わらないと、現地スタッフが落ち着いて仕事できません」

そこで、ミャンマー式の事務所開所式を一月中に行うことにして、ヤンゴンで一番大きなシュエダゴンパゴダから五人のお坊さんに来ていただいた。一番年長のお坊さんがミャンマー語で説教する。英語に翻訳してくれたのは、ドイツ出身のお坊さんだ。彼は「仏教は私の人生のすべてです」と言い、すっかりミャンマーのお坊さんになりきっていた。

日本では、お坊さんが読むお経はたいてい意味不明で、時間の長さでお布施の金額が決まるとも言われている。日常生活に密着した説教をするお坊さんは珍しい。しかし、ミャンマーではまったく異なっていた。BAJについてもラカイン州北部で始める難民の帰還支援事業についても直前にしか聞いていないはずのお坊さんは、仏教の教えと難民庇護の関係を実にわかりやすく話し、私たちを励ましてくれたのだ。

お坊さんは、BAJがこれから行おうとしている事業は仏教のメタという考えに通ずると言った。メタとは、慈愛とか慈悲という考え方である。「メタに通ずるBAJの事業がうまくいきますように」という主旨の説教をしてくださり、日本と違って生活に仏教が生きていることを実感させられた。ミャンマーでは、冠婚葬祭はいうにおよばず、家や建物が完成したときも事務所を開くときも、お坊さんを呼んで説教を聞き、食事を差し上げるのが、習慣になっている。

開所式を無事終えると、現地スタッフはすっきりして、落ち着いて仕事に取り組める気分になったようだ。シュエダゴンパゴダをはじめヤンゴン市内のパゴダでは、暑さが収まった夕方ごろから多くの人びとが境内で静かに瞑想したり、お祈りしたりしていた。パゴダで時を過ごす人びとを見ていると、日本とミャンマーの仏教の違いだけでなく、価値観や暮らしのありようの違いについても考えさせられた。日本で忙しく過ごしていれば、こうしたことを考える余裕はなかっただろう。ミャンマーに来たおかげである。

マウンドーでは簑田と巽が頑張っていたが、東京やＵＮＨＣＲとの連絡・調整にはヤンゴン駐在のスタッフが不可欠である。東京からの出張では、とうてい業務がこなせない。私は継続中のベトナムの事業があったので、インドシナ市民協力センターの創設メンバーである東村に四月からヤンゴンに赴任してもらうことにした。彼にとって初めての海外赴任である。簑田も東村も一九九五年に結婚する予定だったので、夫婦でのミャンマー生活だった。

追加の現地スタッフの採用も進んでいく。八月までには、ヤンゴン事務所一〇人(うち日本人二人)、マウンドー事務所一六人(うち日本人二人、タイ人一人)、連絡や物流の中継地点として設置したシトウェ事務所四人の合計三〇人となった。

ところで、ミャンマーでは、当時も現在も、建国の父アウンサン将軍の娘であるアウンサン

マウンドーの国境出入国管理本部のメンバー。左から三番目が私

スーチー女史の名前を人前で口にすることはむずかしい。誰が聞いているかわからないし、何を言われるかもわからないからだ。とくに、ミャンマー人の前では気をつかう。「あの外国人は、なぜスーチーの名前を話していたのか」と公安警察関係者に尋ねられでもしたら、尋ねられたミャンマー人が困るからである。だから、ミャンマー在住の日本人の間では、彼女のことは単に「女史」と言う。

開所式から半年近くが経った七月一〇日、UNHCR、日本大使館、海外NGOなどのスタッフを招待して、ヤンゴン事務所でささやかなパーティを開いた。ヤンゴン、マウンドー、シトウェの三カ所の体制が整ったことを知らせ、今後の協力をお願いしようとの主

国境出入国管理本部が行う会議。UNHCRをはじめ、さまざまな団体が呼び出される

旨である。そのとき、出席者の一人から「今日、女史が解放されたらしい」というニュースが、ひそひそ話のリレーで会場をかけめぐった。翌日には海外放送などのニュースでみんなが知ることになるが、忘れられない夜となった。

その後、女史は毎週日曜日に自宅で、門の前に集まった人びとに演説を始めた。ミャンマーで活動するNGOの責任者の身では、見に行くことができないのはわかっていたが、自宅前の道路を通り過ぎるだけならいいだろうと、BAJの車で向かったことがある。

ミャンマー人の運転手からは、「もちろんカメラで写してはならないし、自宅のほうをじろじろ見てはいけない」と事前に口をすっぱく注意された。彼も緊張して運転している。私は、自宅前に集まった人びとの向こうにいた女史らしき人物を横目でチラッと見ただけだ。すると次の日、UNHCR事務所に行ったとき、受付のミャンマー人の女性スタッフから、忠告された。

「昨日、女史の自宅近くにBAJの車がいたそうですね。あのあたりには近寄らないほうが賢明だと思います」

私たちはしっかり監視されていたのである。UNHCRの現地スタッフにも、すぐに連絡がまわっていた。一九七〇年代のベトナムで経験したように、現在のミャンマーでは電話やFAXの盗聴はもちろん、行く先々で行動を監視されていると考えなければならない。なにしろ八三年一〇月九日のアウンサン廟爆破事件(二一人が死亡)の際には、潜入した北朝鮮のテロ専門工作員三人が捕まったほど、しっかりした情報監視網がはりめぐらされている国なのだ。

それに引き換え、一九七三年八月に東京都心のホテルから韓国の有力な大統領候補者である金大中氏(後の大統領)が拉致された「金大中事件」は、証拠の一部があったにもかかわらず、うやむやにされてしまった。盗聴や監視という厳しい現実からほど遠いところで育ってきた私たちがミャンマーで活動する場合、誤解の種をまかないよう、よほど注意していないと、活動以前に国外追放される結果になりかねない。

技術センターの建設前に行なったミャンマー流の鍬入れ式。供えられているのはヤシの実や果物だ

4　雨天決行で進めた建設工事

マウンドーでは、ＢＡＪの修理工場兼技術センター（以下、「技術センター」）の建設工事がときに豪雨に阻まれながらも、ある程度の雨天決行で進んでいた。道路建設の経験もある簑田は、進捗状況、作業員の働き方、現場監督の様子などを見ながら、請け負った業者や現場監督と打ち合わせていく。

車両の修理作業は、ミャンマーで採用した整備士と巽が奮闘していた。当初は修理場所さえない。事務所兼宿舎の一階やＵＮＨＣＲのカウンターパートである出入国管理国民登録局の車庫などで、作業せざるを得なかった。

建設中の技術センター（1995年9月）

雨期のマウンドーは日本でいう集中豪雨の状態が連日続くから、傘などは役に立たない。二〜三週間降り続くことも珍しくはない。スタッフが日本から持っていった衣類が、数日でほとんどカビだらけになってしまったほどだ。

技術センターで使う機材は、雨期明けの一〇月に到着するように日本で船積みした。教材用の中古エンジンや部品、中古乗用車を知り合いの解体業者でコンテナにまとめてもらったほか、工具類、自動車整備機材、ピックアップトラック（荷台付乗用車）、クレーン車、フォークリフト、中古旋盤などである。

フォークリフトがヤンゴン港に着くと、簑田が早速出向き、自ら運転して、コンテナを積む。そして、ヤンゴン事務所でコンテナか

ヤンゴン事務所で、マウンドーに送る車両を大型トラックに積み込む

ら荷物を取り出した。ヤンゴンからマウンドーへの輸送は、自走はしけ(バージ)を借り切り、若く屈強なスタッフを貴重な機材の見張り役・護衛としてつけた。荷役設備のないブティダウンでは、干満の差を利用し、バージ側と岸の高低差がない干潮時をねらって荷降ろしする。重い機材の荷降ろしには、クレーン車が役に立った。それにしても、マウンドーまで大量の機材を無事に輸送するのは大仕事だった。

5　いまも残る戦争の記憶

辺境の地ラカイン州にも、第二次世界大戦で日本軍が侵攻した。ブティダウンに行く途中にパゴダがある。日本軍との戦闘の跡地で、戦死者の慰霊のためにパゴダを建てたそうだ。

また、シトウェ空港は一時期日本軍が占領し、当時の日本で名を馳せた加藤隼《はやぶさ》戦闘隊が駐屯していた。加藤建夫《たてお》隊長はマウンドーの南部に位置するアレタンジョー沖で一九四二年に戦死し、ブティダウンとマウンドーの間の山中にあるシンゼイワでは一〇〇〇人を超える日本軍の犠牲者が出たという。さらに、マウンドーの南部にあるインディン村では、英国軍との戦闘で英国の将軍が捕虜となり、戦闘中に死亡した。そのため、ここで戦った日本軍将校はＢＣ級戦犯としてシンガポールで裁かれ、刑死した。

こうした戦闘の後に、補給を無視した悪名高いインパール作戦が一九四四年に行われ、ビルマ全体で三〇万人の日本軍のうち一九万人が戦死したのである。おそらく海外に出かけたことがない当時の日本軍の兵士たちは、装備に恵まれず、暑さと豪雨、マラリアやデング熱にさいなまれながら行軍したのであろう。

もちろん、犠牲になったのは日本軍だけでは決してない。日本軍と戦ったインド兵を中心とする英国軍や地元の人びとも、多大な被害を被った。補給の乏しい日本軍は何でも「現地調達」したと言われている。村人たちに大きな犠牲を強いたことだろう。

それから五一年が経ち、縁あって私はこの地に来た。軍隊ではなくＮＧＯとして。私はマウンドーに向かう船上で、戦死しなければならなかった日本軍兵士たちの霊に向かって祈った。

「私たちは日本のＮＧＯです。平和をめざして活動するために、皆さんが戦ったこの地に来ました。困難な状況におかれている人びとのために活動します。日本は多くの人びとが犠牲を払った戦争に負け、二度と戦争はしないと世界に誓いました。どうぞ私たちの活動を見ていてください。そして、やすらかに眠ってください」

私たちは、戦後マウンドーを訪れた初めての日本の民間人だ。驚いたことに、私たちがマウンドーに入ってしばらく経ったころ、「日本の民間人が来たから、近いうちに日本の軍隊が入ってくるかもしれない」という噂が流れたという。私は「まさか」と思ったのだが、現地の人びとに言われた。

「五〇年前も、民間人が来てから、日本軍が入ってきた」

日本に関する情報をほとんどもたない現地の人びとがそう思うのは、無理もないだろう。私たちの活動で、それが誤解であることをわかってほしい。

第5章　着実な歩み

完成した小学校の校舎。BAJ では訓練生（村人）に修了証を発行している

1　外の世界に開かれた窓

一九九五年一〇月にマウンドーの技術センターが完成して車両などの修理作業が行えるようになり、念願の帰還難民や地元青年たちへの技術訓練を始めた。自動車とボートのエンジン修理だけなら、自動車メーカーと船外機メーカーに頼めばよい。しかし、私たちは青年たちが修理技術を身につけることが大切だと考え、ＵＮＨＣＲや国境出入国管理本部側も賛成したので、まず、自動車修理コースを開設した。

ミャンマーの教育制度は日本と異なり、義務教育はなく、就学年齢も規定していない。一般的には五歳から小学校へ入れるが、最初の一年はプレスクールとして〇年生という。小学校も中学校も四年間で、これに高校の二年間を加えて、基礎教育と呼んでいる。ＢＡＪが活動する辺境地域では、小学校四年で辞めてしまう子どもがほとんどだ。多くの村では、中学校が設置されていない。

青年たちは、基礎教育を終えても仕事がないし、進学もままならず、将来に希望がもてない。とくに、八〇％以上を占めるイスラム系住民にはＩＤカードがないから、シトウェやヤンゴンでの就職もできず、昼間からマウンドーの中心部でブラブラしている。当然、ケンカや泥棒、強盗などが起き、治安は不安定になる。そうした閉塞状況のところへ、バングラデシュに出た難民が大挙して帰ってくるのである。BAJの技術センターは、ラカイン州北部でわずかに外の世界に開かれた窓のような役割を果たしていくと思われた。

自動車修理コースには一〇〇人以上の青年が応募し、簡単な筆記試験と面接で一八歳から三〇歳までの合格者三〇人を選んだ。講師は、教官の経験者を対象に、マウンドーへの赴任を条件として、ヤンゴンで募集した。訓練期間は三カ月間で、仏教徒とイスラム教徒がともに学ぶ。成績優秀者はBAJに就職できる可能性がある。

宗教も習慣も違う若者がいっしょにいれば、それなりの軋轢《あつれき》があり、ケンカも起きる。技術センター内でのケンカはご法度だが、門を出た後で殴られたと言ってイスラム教徒の訓練生が駆け込んできたこともあった。問題が起きるたびに、私たちが繰り返し彼らに説明したのは、BAJとは何かということだ。

「ブリッジ エーシア ジャパンはNGOです。政府機関でもなければ、営利企業でもありません。困難な状況におかれた人びとのための仕事をする組織です。日本には昔から、困ったときはお互い様という言葉があります。ブリッジは、あらゆる人びとの間に相互理解と信頼の橋を架けるという意味ですから、民族・宗教・国籍が異なってもいっしょに学んでほしい。将来は日本とミャンマーの間に心の橋が架かることを願っています」

青年たちには人気の自動車修理コースであったが、マウンドーのＵＮＨＣＲや海外ＮＧＯの外国人スタッフたちの間での評判が芳しかったわけではない。「自動車が少ないのに、自動車修理の訓練なんて」とか「大きすぎる技術センターを造って」とか、さまざまな批判的意見があったのは事実である。

「自動車修理を勉強した訓練生の就職率は何％ですか？」と意地悪く聞いてくる国連機関の若いスタッフもいた。マウンドーには、就職可能な企業も店もめったにない。そもそも、食べられないがゆえに多くの人びとが難民として流出したのである。三カ月の技術訓練を受けたからといって、仕事がすぐに見つかるような環境ではない。そうした実情も理解せずに、技術訓練↓就職率で評価という公式的な話しかしない若い国連職員には、うんざりさせられた。

私たちが、自動車が少ないマウンドーで自動車修理の技術訓練を行なったのは、現在も将来にも希望のほとんどない青年たちに、教育の機会を提供するためである。世の中には新しい技術がある、自動車はこんな仕組みで動いている、という知識を身につけ、学ぶ面白さや意欲を引き出すとともに、自らの将来について広い視野で考えてほしいと願っているからだ。ＢＡＪという外に開かれた窓から、たくさんのことを吸収してほしい。

自動車修理コースに続いて、この地域でトラクターや精米機などによく使われている単気筒ディーゼルエンジン修理コースを一一月に開始した。こちらは二〇人で、二カ月間である。

開所式で挨拶する私。この地域ではめったにない大きなセレモニーだった

十数年が経過した現在では、ＢＡＪは将来を見越して賢い選択をしたと評価されている。

一二月には、技術センターの開所式を行なった。これはマウンドーの責任者である簑田のアイディアだ。娯楽の少ないマウンドーで、できるだけ大々的に、住民に開かれた楽しいビッグイベントにしようと知恵をしぼった。なにしろ、複数の宗教と多くの民族が共生する地域である。朝六時からイスラム系住民の長老たちに来てもらいイスラム教式の儀式を、その後は仏教のお坊さんたちに来てもらい仏教式の儀式を行なった。その後が一般住民や来賓を招いてのお披露目だ。

ＢＡＪには、ジェネレーター（発電機）やエアコンプレッサー（空気を圧縮して圧力を高くする機械。車両整備に使う）など大型の工具、スパ

クレーン車の荷台を舞台に民族衣装の美人たちがラカイン舞踊を披露

ナ、ボルトやナットを回すレンチ、ドリルなどの部品、車両や船外機のベアリングなどの交換部品がある。修理工場や二つの修理コースの現地スタッフたちは、さまざまな人たちが訪れるので、高価な工具や部品が盗まれないかと気が気でなかったらしい。

しかし、ラカイン州北部で、こうした工具や部品を持っている組織はＢＡＪ以外にない。もし新しい工具や部品が市場に出回ったら、ＢＡＪのものが横流しされたとすぐにわかり、連絡があるはずだ。希望的な発想かもしれないが、多くの人びとにＢＡＪにある工具や部品を知ってもらうのは、事業の広報だけでなく、犯罪抑止力にもなるだろう。

式典はミャンマーの常として、大きなバルーン（風船）を飛ばして始まった。舞台は四トントラックの荷台。高いので、外からも式典やアトラクションの様子がよく見える。UNHCR、出入国管理国民登録局、国境出入国管理本部の各代表に加えて、日本大使館からも田公和《たきみかず》幸《ゆき》三等書記官を招き、流暢なミャンマー語で挨拶していただいた。そして、マウンドーのスタッフ全員を紹介した後は、アトラクションのラカイン舞踊。そして、列席者に食事がふるまわれた。会場の内外は多くの人びとでにぎわい、心配した工具や備品の盗難は皆無だった。

一二月はクリスマスの時期だ。小さな村のキリスト教徒たちも研修センターを訪れ、賛美歌を歌って帰っていった。さまざまな宗教が共存する地域であることを改めて考えさせられた開所式である。

2　学校は造ったけれど……

当時、実質的なミャンマー政府側の代表であった国境出入国管理本部のスタッフに、よく言われた。

「ＢＡＪがＵＮＨＣＲの予算で車両や機械類の修理・整備をするというのは、よくわかった。しかし、ＢＡＪはそもそも何を目的とした団体なのか？　ＢＡＪ独自の事業は何か？」

ミャンマーに日本からスタッフを派遣してＵＮＨＣＲからの委託事業を行うだけで精一杯と

ヤシの木で造られた、イスラム系住民の子どもが通う小学校（マウンドー）。このようによく整備されているのは珍しい

いうのが、私たちの実状だった。とはいえ、国際機関、ACFやAZG（三三ページ参照）のような世界的規模のNGOが活動しているマウンドーでは、そうしたBAJの事情を説明しても意味はない。「日本はお金持ちじゃないの？」で終わってしまう。

幸い一九九五年から九七年の三年間、小学校の建設に対して郵政省（当時）の国際ボランティア貯金による寄付金の配分が得られた。二五万人の帰還民が予想されていたので、小学校不足は容易に想像でき、UNHCRも建設を急いでいた。

マウンドーの学校は、ヤシの木と竹で造った簡易なものだ。UNHCRも、急いでいたこともあって、ヤシの木と竹で造った

マウンドーの学校建設現場。手前左がねこ車（121ページ参照）

安価な学校を建設していた。だが、豪雨に見舞われる雨期にどれだけ耐えられるかという問題がある。

これに対してBAJは、多少割高でも、レンガ、鉄筋、セメント、砂、木材を使って、しっかりした学校を建設することに決めた。屋根はトタンで、壁は鉄筋コンクリートだ。丈夫な公共の建物があれば、サイクロン襲来時の避難所にもなると考えたからである。ただし、マウンドーにこうした建物を造る技術をもった建設業者はない。そこで、BAJのミャンマー人技術者が現場監督しながら、村人に協力して建てる、「技術研修を兼ねた住民参加型建設工事」にした。

学校を建設したのは、おもにマウンドーやブティダウンの中心部から遠く離れた村であ

国連世界食糧計画から支給された米とBAJが配った油を前にして並ぶ、学校建設に従事した訓練生

る。建設に先立って、まず村人たちと話し合い、参加者に大工仕事や左官仕事を教えた。まさに、オン・ザ・ジョブ・トレーニング（ＯＪＴ）だ。参加者には国連世界食糧計画から「労働の対価としての食糧支援」によって米が一人一日あたり三・五キロ支給された。この方式は、ＢＡＪのインフラ事業実施の基本形態となる。

当初は、建設費用が高く、時間もかかると批判された。けれども、雨期を経ると、ヤシの木と竹で造った学校との差は歴然とする。批判は消え、ＵＮＨＣＲもＢＡＪ式の学校を建設するようになった。また、それまでの学校は窓が木製で、閉めると真っ暗になる。窓ガラスを初めて導入したのも私たちである。ＢＡＪのミャンマー人技術者は、学校を建設するたびに新たな工夫を加えていった。

ところが、それから数年後にＢＡＪが建設した学校を視察すると、窓ガラスは壊され、板で目張りがされている。板の破れ目から薄暗い中をのぞくと、動物の糞などで汚れたままで、まるで廃墟のようであった。残念ながら、子どもたちは学校に通っていなかったのだ。

その最大の理由は教員不足だった。ミャンマーでは、公務員、なかでも教員の給料がまともに払われず、非常に生活が苦しいため、なり手がなかなかいない。教育に熱心な長老がいる村では、その説得に応じて引き受ける若者がいるが、そうでない村は、先生がいなければ誰も学校に行かなくなる。さらに、イスラム社会では一二歳以上の女子は外出をさせないため、女子が学校に行けないという現実もある。

こうした状況を改善しようと、国連世界食糧計画は、「教育のための食糧支援」(Food for Education)として、とくに女子が登校した際に米を支給したところ、一つの学校に五〇〇人以上の子どもが集まり、先生が不足して、なす術《すべ》がなかったという。しかも、支給をやめたとたんに、誰も登校しなくなった。子どもも働き手の一人というこの地域の圧倒的な貧しさを示すエピソードである。

3　人材の発掘と育成

マウンドーの事業が進み、学校建設のほかに、後述する橋の建設や井戸の掘削も加わると、現地スタッフが増えて一〇〇名近くになる。民族もさまざまである。当初の零細企業から、中小企業並みに変化したわけだ。マウンドーと日本も、徐々にヤンゴン経由で連絡が取れるようになった。とはいえ、タイムリーな連絡は無理だったので、基本的には大事なこともマウンドーで決めるしかない。

運営で苦労したのは、スタッフの確保である。ミャンマー政府の役人も単身赴任する不便な地域であり、ヤンゴンなど都会からの赴任者は稀だった。マウンドーには失業者はたくさんいるが、英語ができて仕事の経験をもつ人材はめったにいない。初期は人探しの苦労が続いたが、試行錯誤を重ねるなかで、技術研修コースの卒業生たちから人材を発掘・育成していった。「急がば回れ」なのだ。

もちろん、それが形になるまでには数年を要した。それでも、ボランティアを経て見習いからスタッフへと、卒業生たちは成長していく。いまでは、彼らが現地スタッフの中核である。また、現地の相場よりは高い給与をＵＮＨＣＲの予算で確保できたこともあって、徐々にいい人材がそろった。

また、当初は異民族間の誤解が原因で、訓練生と同じく現地スタッフ間でのもめごともあった。しかし、そのたびにスタッフは何を期待されているのかを地道に説明した結果、組織が整うにつれて、年長のスタッフが中心となって解決できるようになる。

むしろ、問題は日本人スタッフで、とくに技術系の人材確保は容易でなかった。技術がわかり、数十人規模の事業所で働いた経験をもつ人材は、そうそういない。おまけに、英語がある程度できて、NGOの安い給料で辺境の地で働こうという人材は、貴重品に近い。結局は、経験の有無を問わず、やる気のある人に来てもらうしかなかった。

また、日本人が数人いると、その相互理解と協力体制の構築が大きな課題となる。現地スタッフの管理より日本人スタッフ間の調整のほうが、苦労が多かった。国際協力活動の経験者も未経験者も、社会経験の豊富な人間もそうでない人間も、NGOメンバーは原則、対等だからである。

日本ともヤンゴンとも連絡が取りにくく、即断即決を迫られる現場で、互いに納得し合って活動し、期限内に事業を推進するのは、本当にむずかしい。日本人が増えれば増えるほど、簑田や私には調整・管理能力が要求された。そして、多くの経験を経るなかで、日本人を多く派遣するよりも現地スタッフの能力を高めて対処するようになっていく。やはり、現地における

ミャンマー人スタッフといっしょに井戸を掘る

人材の育成がもっとも大切なのだ。

日本人以外の外国人も、大いに力を発揮した。たとえば、お連れ合いがある国際機関のマウンドー勤務という、デンマーク人の男性。機械関係の専門知識をもつ彼はボランティアで、井戸掘削機械を現地スタッフといっしょに開発した。しかも、英文の報告書を書いてくれたおかげで、ＢＡＪの活動がマウンドーの国際機関や海外ＮＧＯに知られるようになった。

さらに特筆すべきは、二人のフィリピン人スタッフの貢献である。

一人は整備士のロレットさん。お連れ合いがＵＮＨＣＲ勤務で、彼自身はアフリカでの経験がある。大まかに仕事内容を把握すると、他のスタッフと調整しながら現場でスムーズに進められる実力をもっていた。

もう一人はメイさん。小学生の娘さんがいるので、三カ月に一回は一時帰国するのを条件に、マウンドーのスタッフ一五〇名をまとめる責任者（プログラム・マネジャー）として二〇〇〇年末から〇一年末までの一年間の任務を立派に果たした。日本人間の論争も調整してくれたほどだ。彼女はマウンドーでＵＮＨＣＲのもとで活動をしていたフィリピンのＮＧＯから紹介され、面接を経て採用した。当時のＢＡＪでは、これだけの能力をもつ日本人スタッフを探すことはむずかしかったのである。

メイさんからは、ミャンマーで事件が起きると、「ＢＡＪのスタッフは大丈夫か」というメールや国際電話が、いまでもある。お互いの現状や家族のことなど楽しいおしゃべりもする。「都合がつけば、いつでもボランティアで駆けつけるわよ」と言う言葉が、とてもうれしく、励みになる。

もちろん、日本人スタッフも困難な状況のなかで、奮闘した。新婚から五年以上もマウンドーで生活した簑田健一・エリー夫妻、ヤンゴン事務所と中央乾燥地域のバガン事務所（第６章参照）でやはり新婚からの生活を送った東村康文・由里夫妻、夫妻で赴任してマウンドー事務所を切りもりした大津祐嗣《ゆうじ》・朋子《ともこ》夫妻だ。彼らをはじめ、のべ数十人にのぼる日本人スタッフに多くの苦労をかけながら、活動は充実していった。

4　多くの人びとに支えられて

日本製の四輪駆動車を中心とするＵＮＨＣＲ車両の整備と技術研修については、トヨタ東京自動車大学校（専門学校、東京都八王子市）で教える安藤祥二さんが、マウンドーまで技術指導に行き、技術研修の進め方などについてもさまざまな助言をしてくださった。安藤さんは元青年海外協力隊員で、ＢＡＪの活動を当初から理解して、自校の生徒さんたちも含めて協力していただいている。

ＢＡＪのメンバーに経験者がいなかった船外機の整備は、ヤマハ発動機に依頼。劣悪な燃料やエンジンの破損状況を調べてもらったうえで、今後の整備についての助言を受ける。さらに、マウンドーに派遣する整備士を同社の日本の研修施設で研修させていただいたほか、部品の供給にも多くの協力を得た。

ヤマハ発動機のミャンマー担当はシンガポールの代理店である。その技術責任者ジェイ・パックさんにヤンゴンとシトウェまで出張してもらった。本社からも技術担当者の姫野さんがマウンドーに来て、直接指導してくださった。雨期で飛行機が予定どおり飛ばず、途中のシトウェで何日も待機せざるを得なかったにもかかわらず、無理を聞いていただき、感謝している。

橋の建設現場で活躍する道路パトロールカー

姫野さんも青年海外協力隊出身者だ。
　マウンドーのような辺境の地では、自動車による機動力の有無が活動を大いに左右する。栃木県鹿沼市からは一九九七年に中古小型消防車を提供していただき、シトウェとマウンドーに寄贈できた。日産労連からは中古の二トントラック、建設省（当時）からは中部地方建設局を通じて九九年に中古道路パトロールカー（道路上に落下物や故障車がないかどうか見回る車両）や中型ダンプカーの提供を受け、車両購入予算が少ないなかで大きな戦力となった。
　中古道路パトロールカーは、国有財産の史上初めてのNGOへの譲渡である。建設省に相談してから実現までに数年かかったが、後に制度化され、他のNGOへも提供されている。
　このほか、民間会社に勤務する友人の協力を得て、中古クレーン車二台を安く入手する。社員の教育訓練用として使われていた古い車両だが、再整備してもらったので新品同様になった。いまでも、第6章で述べる中央乾燥地域で井戸の修繕作業に大活躍だ。

ただし、残念だったのは、二〇〇〇年にミャンマー政府が中古車両の輸入許可基準を厳しくしたため、新車や比較的新しい中古車以外の輸入がむずかしくなったことである。ＢＡＪの財政状況で入手できる、古いけれど整備された中古車の輸入が実質的に不可能になってしまった。現在は、日本国内で調達するよりも高額で、ミャンマー国内で整備が悪い中古車を購入しなければならない。

5　住民参加でコンクリートの橋を建設

こうして、車両を中心とする機械類の整備・修理と青年たちへの技術訓練が進んでいった。しかし、車両の維持・管理における最大の問題は、未舗装の悪路や木造の橋である。約一〇〇年前に英国軍が架けた大規模な鉄橋以外、すべての橋は木造だった。雨期に五〇〇〇ミリを超える豪雨に見舞われるため数年しかもたず、絶えず修理や架け直しが必要となる。

マウンドーから南部や北部に出かける際は、途中の橋の状態をチェックしておかなければ、

すでに崩れかけている木造の橋。もちろん危険だが、みんな渡って行く

予定がたてられない。これはBAJだけでなく、村々を訪問するUNHCRや他の海外NGO、そして地元の人びとも同じである。

乗り合いバスは、ウイリージープと呼ばれる第二次世界大戦で使われた軍用ジープを改造して、ボンネットや天井までいっぱいに人や荷物を積んで運行する。その重さに耐えられず、橋ごと落下して犠牲者や負傷者が出ることも珍しくなかった。クレーン車をもっているBAJは、連絡が入れば夜中でも出動し、救援作業を行なっている。

そうした状況のなかで、活動を始めて三年が経った一九九八年に、ミャンマー人スタッフのエーコーウィンから、「工夫すれば、BAJでも鉄筋コンクリートの橋が造れる」というアイディアが出た。彼は、以前カンボジアや太平洋諸島で国連ボランティアとして活動していた経験豊富な土木技術者で、コミュニティ開発にも関心がある。

早速、工事の検討をするために、マウンドー南部のチャウパンドゥ村へ私も出かけた。途中で橋が落ちているため、田んぼを突っ切り、潮の引いた海岸を走らなければ、たどり着けない。潮の干満の時間をチェックし、早朝に出発した。マウンドー南部は、アラカン山脈から海岸までの距離が短く、山に降った豪雨は一気に海へ流れ込む。そのため、多くの水流が川となって道路を横切っている。川幅が一メートル以下でも、橋がなければ車は通過できない。

工事を委託できる建設業者はもちろんないから、BAJが労働力を集めて作業を進めるしかない。学校建設と同様に、村人の参加をつのり、大工や左官の技術研修を行いながら、建設を進めていくことにする。やはり国連世界食糧計画の協力を得て、参加した村人には研修日数に応じて「労働の対価としての食糧支援」によって米を配布した。

一方、東京事務所では、どのような技術支援ができるか思い悩んでいた。スタッフに橋を造った経験者はいない。簑田がブータンで道路建設をした経験をもつだけだ。もし将来この橋に事故があったら、大きな問題になる。やる以上はしっかりした橋を架けて、少なくとも数十年間は役に立ってほしい。

とはいえ、現地の状況は日本の建設現場とはまったく異なる。大型機材がないだけでなく、

訓練生といっしょに人海戦術で橋を建設する。女性はラカイン族

当時は通信がまったくできず、部品や工具などの資材調達が困難で、日程も予測できないのだ。日本で数人の建設関係技術者に話してはみたが、現場に行って技術的な助言をしようと言う人はいなかった。大手建設会社にも知り合いを頼って人材の紹介を頼んだが、見つけられない。考えてみれば当然である。人力を中心とした鉄筋コンクリートの架橋では技術的な興味はないだろうし、時間も取れないだろう。そもそも、商売として成立しない。

途方にくれていたころ、たまたま東京都主催でNGOと地方自治体の国際協力についてのシンポジウムが一九九八年一〇月にあり、私はベトナムへの環境協力の一例として、中古ごみ収集車の提供事業を報告した。その参加者の一人が自己紹介で、タンザニアの辺境地でJICA専門家として橋を造ってきたという。東京都建設局の真内《まない》敏行さんだった。私は「この人だ！」と思い、ぜひマウンドーに行って現地の技術者たちに助言してほしいとお願いし、派遣を都庁で検討してもらう。しかし、認められなかった。

「東京都内のNGOへの協力、あるいは国際機関への間接的協力では、出張として認められない。ただし、本人が上司の許可を得て、年休を取って行くのなら、認めてもよい」

真内さんは、その条件で二カ月後の一二月に初めてマウンドーへ行ってくださり、貴重な助言をいただいた。最初に架けたのは、チャウパンドゥ村の長さ約三メートルの小さな橋である。エーコーウィンをはじめとする建設チームは村に泊り込み、男女合わせて七名の村人に、寸法の測り方、レンガの並べ方から教えて、完成させた。九八年四月に完成した橋には、七名の名前がペンキで書かれている。小さいとはいえ、鉄筋コンクリートだから、二〇トンの重量にも耐えられる。

ところで、ヤンゴン市内にツワナ橋という大きな鉄筋コンクリートの橋がある。六年間にわたる日本の技術協力とODAによって、一九八五年に完成した。これは、ミャンマー人技術者が日本人技術者の指導のもとで設計・施工技術を実地研修によって学んで建設した、当時は唯一の橋である。建設途上では、日本人技術者チームとミャンマー側の中心的メンバーが乗った

1999年2月に架けた橋(ドンパイク村156番)。欄干のデザインは現場で自由に決める。色はBAJカラーのミントグリーン

飛行機が墜落して全員が亡くなるという、たいへん不幸な事故があった。両国で新たなチームを再建して、完成させたもので、尊い犠牲のうえに造られた橋でもある。

ＢＡＪのミャンマー人土木技術者は、チャウパンドゥ村で橋の建設を始めたとき、ツワナ橋を造ったミャンマー人技術者(ミャンマー建設省橋梁建設部門)に意見を聞きに行き、設計図を見せて、技術的な助言を受けた。十数年前の日本の技術協力の成果が、ＢＡＪの橋にも生かされているのである。尊い犠牲になられた方々に、ミャンマー人が主体となって住民参加で建設した橋の完成を報告できれば、きっと喜んでいただけるであろう。

村人たち、それも女性も参加して橋を架

けられたことが、私はなによりうれしかった。マウンドーで活動を始めて三年で、技術センターでの車両修理や技術訓練、学校の建設以外に、小規模ながらこうした村落インフラの整備ができるようになったのである。そして、この橋の建設が思わぬ反響を呼んでいく。

まず、国境出入国管理本部の責任者から、「ぜひ隣の村の橋も架けてほしい」という要請を受けた。UNHCRは、「予算をつけるので、本格的にマウンドータウンシップ（マウンドー郡）で橋の建設に取り組んでほしい」と言う。コミュニティ参加型のミニインフラ整備として、こうした橋の建設が続けられるといいと、私は考えていた。投じた小さな一石に大きな反応があったわけだ。

橋の工事現場。大型機材は見当たらない

また、BAJの橋梁建設現場の写真を見るとわかるが、ダンプカーやクレーン車などの大型機材は見当たらない。道路事情で、持ち込みに限界があったからだ。使用した機材は、現地で調達したエンジン付コンクリートミキサー（ラカイン州北部では手動が一般的）、攪拌器（バイブレーター）、コンパクター（小型振動ローラー）、それに杭打ちに使うウィンチ、輸送用のトラックだけである。その他の作業は、すべて人力によっている。

作業現場の訓練生は、わざと異なる民族を集める。これはＢＡＪの活動の特徴だ。ラカイン州では仏教徒とイスラム教徒の居住地域が分かれており、お互いに交流がない。建設を開始した当初は、民族同士の争いやケンカが頻繁に起きた。しかし、時間の経過とともに、全員が力を合わせなければ作業が進まないし、安全が確保できないことを学び、お互いに言葉を交すようになっていく。建設作業は、民族の融和という意味でも成果をあげた。

真内さんは、それから毎年のようにマウンドーを訪れている。そして、辺境の地の事情を十分に理解したうえで、技術的なチェックを行う。年一回の定期的な意見交換や、日本の橋梁建設事情の紹介も含めた技術セミナーは、ＢＡＪの土木技術者だけでなく、ＵＮＨＣＲや国連世界食糧計画などの国際機関、そしてミャンマー人の土木技術者に大きな刺激と激励になっている。

こうしてＢＡＪは、住民参加で村人に技術移転を図りながら二〇〇八年末までに二一三本（歩行専用を入れれば二二三本）の橋を建設してきた（**表1**参照）。幸い、橋が落ちた事故は一度も

表1　BAJが建設したインフラ施設

		1998	1999	2000	2001	2002	2003	2004	2005	2006	2007	2008	合計
橋	マウンドー北部	0	1	9	8	16	0	0	1	1	0	0	36
	マウンドー南部	3	12	10	10	11	0	1	1	10	0	1	59
3m以下の橋	マウンドー北部	0	3	3	10	14	0	0	0	0	0	7	37
	マウンドー南部	0	25	25	8	4	0	9	0	10	0	0	81
歩行専用の橋		0	4	3	0	0	0	0	2	0	1	0	10
桟橋		0	5	1	0	0	0	0	1	0	0	1	8
学校		13	11	12	0	1	2	0	10	5	0	10	64
開放型浅井戸		0	9	20	4	0	0	0	17	0	0	0	50
パイプカルバート		0	0	7	0	0	0	0	2	0	0	0	9
女性センター		0	4	1	0	0	0	0	0	0	0	0	5
村アクセス道路		0	0	0	0	0	0	0	1	0	0	0	1
保健センター		0	0	0	0	0	0	0	0	1	0	0	1

(注)パイプカルバートは、土管を利用した簡易橋。

ない。橋がなかったころは、村人は船で川を渡るから、乗船料金を払わなければならなかった。いまは橋があるから、無料で子どもを学校に通わせられるし、病院へも行ける。

現在マウンドーに駐在している辻富《ふ》紀《き》夫《お》の報告によれば、サイクロンの被害を防ぐために、二〇〇七年に住民たちが自らの手で道路を造り、橋を架けたという。ラカイン州北部の辺境の地ミンルッ村である。一八五世帯で一〇〇〇人以上の村人が生活するイスラム教徒の村で、ベンガル湾の河口に位置するため、サイクロンや高波の影響を受けやすい。すでに何度も被害にあっているため、村人の防災意識は高い。

村人たちは考えた結果、川と反対側にある小高い山への避難道路を自分たちで造成し、安全に逃げられるよう木製の小さな橋を架けたのである。中心になったのは、ＢＡＪの橋梁建設事業で訓練生として参加した村人だった。

「ＮＧＯがインフラ整備を行うのは無理だ」と初めから決めつける援助関係者が少なくない。しかし、マウンドーでＢＡＪが行なってきた方法であれば、十分にインフラ整備ができるし、地域住民が大工・左官・鉄筋工などの建設技術を身につけられる。工事への参加者はもちろん、地域で資金が循環し、経済も多少は活性化する。

ＢＡＪは期せずして、中小規模の橋や学校の建設をとおして、ＮＧＯによる住民参加型インフラ整備事業の実例をつくることができた。外国人の立ち入りが制限されている地域や都市から遠く離れた国境地域、低コストで建設しなければならない場合は、ＮＧＯが現場で指導してインフラ整備を行うほうが有効といえるだろう。

近年、ＯＤＡのスキームにも「コミュニティ開発支援無償」が導入され、現地企業を活用して学校や井戸の建設などが行われるようになり、多少の改善が試みられている。コミュニティ開発支援無償は、貧困、飢餓、病気など、人命や安全な生活への脅威に直面するコミュニティの総合的能力開発の支援を目的として二〇〇六年度に開始された、新しい無償資金協力だ。現地仕様・設計の導入や現地業者・機材の積極的な活用により、現地のニーズに合った品質を確保しつつ、コストを縮減した援助が期待されている。今後、ＢＡＪが行なってきた住民参加型のインフラ整備を行う団体や事例が増えていくことを期待したい。

6 州都に開いた技術訓練学校

何もかも不足しているミャンマーでは、一九八八年の反政府デモの鎮圧以降、軍事政権によって大学が閉鎖された。通信教育で埋め合わせてきたが、私たちは活動を続けるなかで、技術者の育成が著しく遅れていることを痛感する。そこで、マウンドーの技術訓練コースを拡大し、州都シトウェにＢＡＪ技術訓練学校を開設することを二〇〇〇年に決定。ニーズ調査を行うなど準備を進めていく。

そして、二〇〇一年九月に、今後に役に立つと思われる自動車整備、電気修理、溶接の三コースでスタートした。運営資金は、在外の日本大使館が独自に判断して拠出できる「草の根・人間の安全保障無償資金協力」、ＪＩＣＡの「草の根技術協力事業(草の根パートナー型)」に加えて、自己資金をあてた。今回のカウンターパートは国境民族開発省教育訓練局(ＤＥＴ)である。

ミャンマーで実施されてきた技術教育の多くは、理論中心のカリキュラムである。それに対

日本からの専門家による溶接研修中の受講生

して、ＢＡＪでは実技に重点をおく。たとえば、エンジンを分解して組み立て直したり、鉄製のボートを溶接実技で製作し、船外機を搭載して実際に走らせたりした。

　二〇〇四年には、訓練内容と地域ニーズの整合性を図るため、面接、手紙、電話で卒業生の動向調査を実施。身に付けた技術を卒業後に生かしているかどうかを調べた。その結果、修理工場を開店した者やボート修理を任されている者もいたが、多かったのは「学んだ技術を実践できる機会がもっとほしい」というＢＡＪへの要望である。

　そこで、卒業生を対象とした「オン・ザ・ジョブ・トレーニングコース」を設けることにする。技術訓練学校の敷地内に修理工場を併設し、外部からのさまざまな注文や修理の依頼を受けられるようにしたのである。卒業生たちはＢＡＪの技術指導者に学びながら、注文に応じてねこ車(一二一ページ参照)や荷台付サイカ(一一九ページ参照)を制作したり、バイクや小型発電機を修理して、収入向上に結びつけていった。

電気技術コースの第六期生コーソーウィンさん(当時一八歳)から送られたお礼状を紹介しよう。

「現在、シトウェ大学科学専攻の一年生です。以前からBAJ技術訓練学校の訓練コースを知っていました。第六期の開始を友人が知らせてくれたとき、私は電気技術コースに申し込みました。将来電気関係で生活をたてようと考えていたからです。訓練生に選ばれてうれしく、理論と実践の講義で精一杯学びました。指導はとても有益で、訓練は無料だったので、経済的余裕がない人たちも受講できました。

遠隔地のシトウェに、BAJ技術訓練学校のようなプログラムがあることは、この地域に住む若者の生活水準の向上にもっとも重要です。私はヤンゴンに行ったことがなく、テレビで見るだけですが、この地域がヤンゴンのように発展し、産業が盛んになってほしいと思います。私の目標は、近い将来に優秀な電気技術者となることです。BAJの皆さん、どうもありがとうございます」

私たちはこうした事業がある程度軌道に乗った段階で、カウンターパートに引き渡すようにしている。このときは二〇〇七年三月に引き渡すまでの五年半にわたり運営し、〇六年九月か

表2　シトウェのBAJ技術訓練学校のコース別卒業者数

実施期間	車両整備	電気技術	電気溶接	合計
第1期：2001年9月～02年3月	32	26	29	87
第2期：2002年3月～12月	25	24	23	72
第3期：2003年5月～11月	30	23	30	83
第4期：2004年1月～7月	28	16	14	58
第5期：2004年9月～05年3月	26	17	18	61
第6期：2005年5月～11月	31	18	32	81
第7期：2006年9月～07年2月	(3コースすべて)			43
合計				485

らの第七期は移行準備期間とした。そのため、七期生は三コースすべてを学んだほか、技術訓練学校を実際に引き継ぐ候補者の国境民族開発省教育訓練局メンバー四名を特別に受け入れ、技術指導や管理運営業務を教えたのである。五年半の間の卒業生数は四八五人にのぼる(**表2**参照)。

シトウェの技術訓練学校はいま国境地域開発省教育訓練局に引き継がれ、技術訓練を継続し、ＢＡＪは必要に応じてアドバイスを行うなど、運営を支援している。ＢＡＪが播いた小さな種がどんな芽を出して育っていくのか、長く見守っていきたい。

7　女性のための裁縫技術訓練コース

マウンドーで実施した自動車修理などの技術研修事業は、すべて男性が対象であった。女性を対象とする

マウンドーの市場で縫い物をするイスラム教徒の男性

事業を行うには、国家平和発展協議会の理解と許可を得なければならない。

イスラム教徒の多いマウンドーでは、町を歩いているのはほとんど男性で、たまに見かける女性は仏教徒のラカイン族だ。市場の洋裁店でミシンを動かすのはおもにイスラム系の男性で、女性が働いているのはラカイン族の洋裁店しかない。しかし、縫製技術を身につけたいというイスラム系女性のニーズは十分あるはずだ。当時わずかに行われていた、政府による女性を対象にしたお菓子づくりや裁縫を教える家庭コースは、ラカイン族だけが対象であった。

そこで、ＢＡＪの技術センター内に女性のための裁縫技術訓練コースを設けることを一九九八年に決めた。しっかり技術を修得できるように、訓練期間は一年間。他の事業と同じように、イスラム教徒と仏教徒が同じクラスで学ぶ。

国際ボランティア貯金の寄付金申請が採択されて財源を確保し、裁縫技術指導者として、青年海外協力隊出身の水野成夫《なるお》の派遣を決めた。諸手続きを終え、二日後に出発という日の夕方、ヤンゴン事務所から緊急連絡が入る。水野の出発を無期延期するように、出入国管理国民登録局から指示があったという。観光ビザで入国した日本人のフリーカメラマンがスーチーさん宅を訪問して写真を撮影したために、資格外活動の現行犯で拘束され、そのまま夕方の便で強制送還されたそうだ。それを理由に、当分のあいだ日本人の入国は認められなくなったので、出発を延期せよというのである。

出入国管理国民登録局はＵＮＨＣＲのカウンターパートであり、私たちの活動を理解している。その指示には従わざるを得ない。困ったのは、国内での待機期間中は外務省のＮＧＯ補助金が受けられないことであった。人件費を含めて事業費は、現地に行って活動を始めなければ支出されない。いつまでともわからない待機期間中に使える予算はない。水野に事情を説明して、試用期間の延長を条件に自宅待機を了解してもらった。ようやく出発できたのは、三カ月後の一九九八年一〇月だ。

裁縫技術訓練コースの対象は三〇名の女性。貧困層への技術訓練というよりも、今後この地域の女性たちを引っ張っていくリーダーの育成がねらいだった。技術センター内に裁縫訓練棟

裁縫技術訓練棟。手前の池に咲く蓮の花が美しい

を新設し、帰還難民も含めた多くの応募者に対して個別面接を実施。一年間継続できそうな女性を選んで、一九九九年一月からスタートした。当初は手縫いから始まる基礎訓練が中心。「手縫いがきれいにできる人は、ミシンも上手にできる」が持論の水野は、厳しく基礎を教えた。裁縫訓練には、家族や子どもの服、枕カバー、イスラム教徒であれば頭にかぶるブルカなどを自分で縫うことで、家計支出を減らすという重要な目的がある。また、刺繡ができれば、近所の人たちから注文を受けて収入向上につなげられる。

もっとも、一年間という期間については、「受益者の人数が少なく、時間とコストがかかりすぎている」と言う意見も出て、一カ月間の短期裁縫技術訓練コースも何度か行なった。ま

BAJのラカイン族女性スタッフから、ミシンによる縫製のアドバイスを受けるイスラム教徒の女性

た、机を並べて助け合いながら学ぶうちに、お互いに話したこともないイスラム教徒と仏教徒が親しくなるケースも生まれ、この面でも成功したと言えるだろう。

男性ばかりの技術センターに女性の訓練生を受け入れるにあたって、最初の課題は、女性専用トイレの建設だった。やがて女性スタッフも徐々に増え、男性スタッフが身だしなみに気を配るようになる。技術センターの雰囲気も、心なしか柔らかくなった。

裁縫技術訓練コースの修了後は、卒業生が裁縫店を開く際の支援を行なったり、ＢＡＪが率先して市場に店舗を借りて顧客とのつながりをつくったりした。

裁縫技術訓練コースの修了生たち。イスラム教徒もラカイン族も他の少数民族も、同じ机で学ぶ

イスラム教徒の卒業生からは、村人に枕カバーやロンジー(巻きスカート)、ブラウスなどの注文を受け、収入が増えたといううれしい知らせも入ってくる。こうして、現在までに裁縫技術訓練コースを修了した女性は一八〇〇人以上に及んでいる(長期・短期の合計)。

東京でも、裁縫技術訓練コースを支える試みが始まる。裁縫技術訓練というとミシンと考えがちだが、手縫いを重視する水野のアイディアは違った。「裁縫道具を持っていないミャンマーの女性たちに、日本人が小・中学校の家庭科で使った裁縫箱を寄付してもらおう」というのだ。裁縫箱には、針やハサミなど手縫いに必要な道具がそろっているので、一箱を一人に渡していけばよい。幸い、水野の紹介とともに「ミャンマーに裁縫箱を」という見出しの記事が『朝日新聞』に掲載された。それを以下に紹介しよう。

〈ミャンマーの北西部マウンドー地域で女性たちに洋裁を教えるため、日本をたった青年デザイナーが、古くなった裁縫箱や裁縫道具を送ってほしいと呼びかけている。洋裁指導は、国連の要請を受けてボランティア団体「ブリッジ　エーシア　ジャパン(ＢＡＪ)」が行っている援助事業の一つ。貧しい生活を強いられている女性たちの自立への第一歩にしたいという。(中略)マウンドーはバングラデシュとの国境に接し、電気もない。住民の九割がイスラム教徒で、九一年ごろ、貧困や迫害のため十数万人がバングラデシュに逃れた。四年前から帰還が始まったが、国籍が認められず、移動の自由もないため、人々は不自由で貧しい生活をしているという。

「ＢＡＪ」では、(中略)イスラム教のもとで、ほとんど外に出ない女性たちを対象に洋裁指導に取り組むことにした。／水野さんが卒業した服飾専門学校が、足踏みミシンなど十八台を寄贈してくれた。しかし、手縫いの基礎から教えるには、十分な裁縫道具がないのが悩みだ。／「小、中学校の家庭科の教材などで購入し、使わなくなった裁縫箱があれば、送ってもらいたい。中身がそろっていなくても構いません。針や糸、裁ちばさみ、目打ちなどもありがた

日本からの支援で、技術センターの裁縫技術訓練棟には中国製のミシン、アイロン、マネキンなど裁縫に必要な道具がそろえられている

い」と水野さん。技術が上がれば、将来は日本向けの商品を開発して輸出できるまでにしたいという」（『朝日新聞』一九九八年一〇月二八日）

反響は、私たちの予想を大きく超えるものだった。記事が出たその日に早速、学校教材を扱う株式会社日本標準や株式会社クローバーから裁縫箱の在庫品を提供したいという申し出があったのだ。そのほか、各地から次々と送られてきた裁縫箱は約七〇〇セット、日本標準からは新品二〇〇〇セットをいただき、狭い事務所はみるみる裁縫箱でいっぱいになる。おかげで、女性たちに渡す裁縫箱は十分に確保できた。

また、この裁縫技術訓練コース事業

は、ＢＡＪの女性会員の注目を集めていく。そこで、家庭科の教員であり、和裁と洋裁に通じた旧知の平田喜代枝《きよえ》さんと、青年海外協力隊でスリランカに派遣された経験をもつ阿部令子さんにマウンドーへ行っていただき、今後の日本との関係も含めた事業についての知恵を貸していただくことにする。

私たちは、マウンドーの女性たちの作品を日本で紹介し、それを通じて多くの人びとに現地の状況を知ってほしいと希望していた。それにこたえて、ラオスにＪＶＣの国際スタッフとしてご夫婦で二年滞在された経験をもつ平田さんが提案したのが、「裁縫サポーター」である(ご主人の平田保さんにはＢＡＪの理事をお願いした期間もある。自治体の中古消防車などをベトナムやミャンマーへ寄付していただくのに、ご尽力をいただいた)。

一般的に国際協力ＮＧＯの支援形態には二つある。ひとつは資金援助で、もうひとつは現地住民が栽培・加工したコーヒー・紅茶や作った作品の購入だ。平田さんは、こう言った。

「ミャンマーと日本でやり取りしながら、日本から技術的な助言ができるような形をつくれないかしら。好きな裁縫を生かしながらの、お金や物だけでない支援なら、参加する女性はたくさんいると思うのよ」

平田さんの意見を取り入れ、『朝日新聞』に「ＢＡＪ裁縫サポーター」を募集しているという記事を掲載してもらったところ、五〇名以上が集まった。そして、多くのグループが生まれ

収入向上グループが作ったトートバッグなどの製品をチェックする。
彼女たちからは、製品へのアイディアがたくさん出るようになった

る。裁縫技術訓練コースを修了した女性たちが作った作品を見て技術的なアドバイスをするグループ、作品を日本で売れるように努力するグループ、ミャンマーの布を使った裁縫教室を行うグループ、ミャンマーの女性たちの生活や作品をもっと知ってもらうための広報をするグループである。さらに、サポーターとマウンドー事務所からのアイディアで、ブラウスやバッグなど製品に「私が作りました」という写真と名前のタグをつけたり、BAJという襟ネームを縫い込んでもらったりした。

毎年、一〇月六日の「国際協力の日」前後の土曜・日曜に東京・日比谷

公園で開催される「国際協力フェスティバル」では、ブラウスを着たりバッグを持ったりした購入者の写真を撮り、買った理由や感想を聞いてビルマ語に訳し、縫った女性たちに送った。こうして、外界との接触がなかったマウンドーの女性たちと日本の裁縫サポーターや作品の購入者とのささやかな交流が始まっていく。

多士済々の裁縫サポーターのなかからは、「裁縫サポーター通信」を発行してくださる方やBAJの理事も生まれた。現地に行って指導したサポーターもいる。これらをとおして、マウンドーでの活動が徐々に日本に知られるようになった。

二〇〇三年に入ると、BAJのミャンマー人女性スタッフたちは、裁縫技術だけでなく、ラカイン州北部で生きる女性たちのかかえるさまざまな問題にも目を向けていく。イスラム教徒の女性は宗教的に厳しい規制を受けており、せっかく身につけた技術をなかなか収入に結びつけられない。すでに述べたように、市場でミシンの前に座って縫っているのは男性である。女性は外出が禁止されているため、買い物すら自由ではない。そこで、〇五年からは、ミャンマー人女性スタッフが村に入って新しいコースを開くことにした。保健・衛生、識字、料理、ファッションなど生活の改善につながる内容を学ぶ「家族の健康と情報交流コース」である。

とはいえ、村での新コース開設は容易ではなかった。イスラム教徒の村には、村長のほかに「モーラビー」と呼ばれる男性の宗教指導者や長老がいる。彼らの発言権はきわめて強い。女

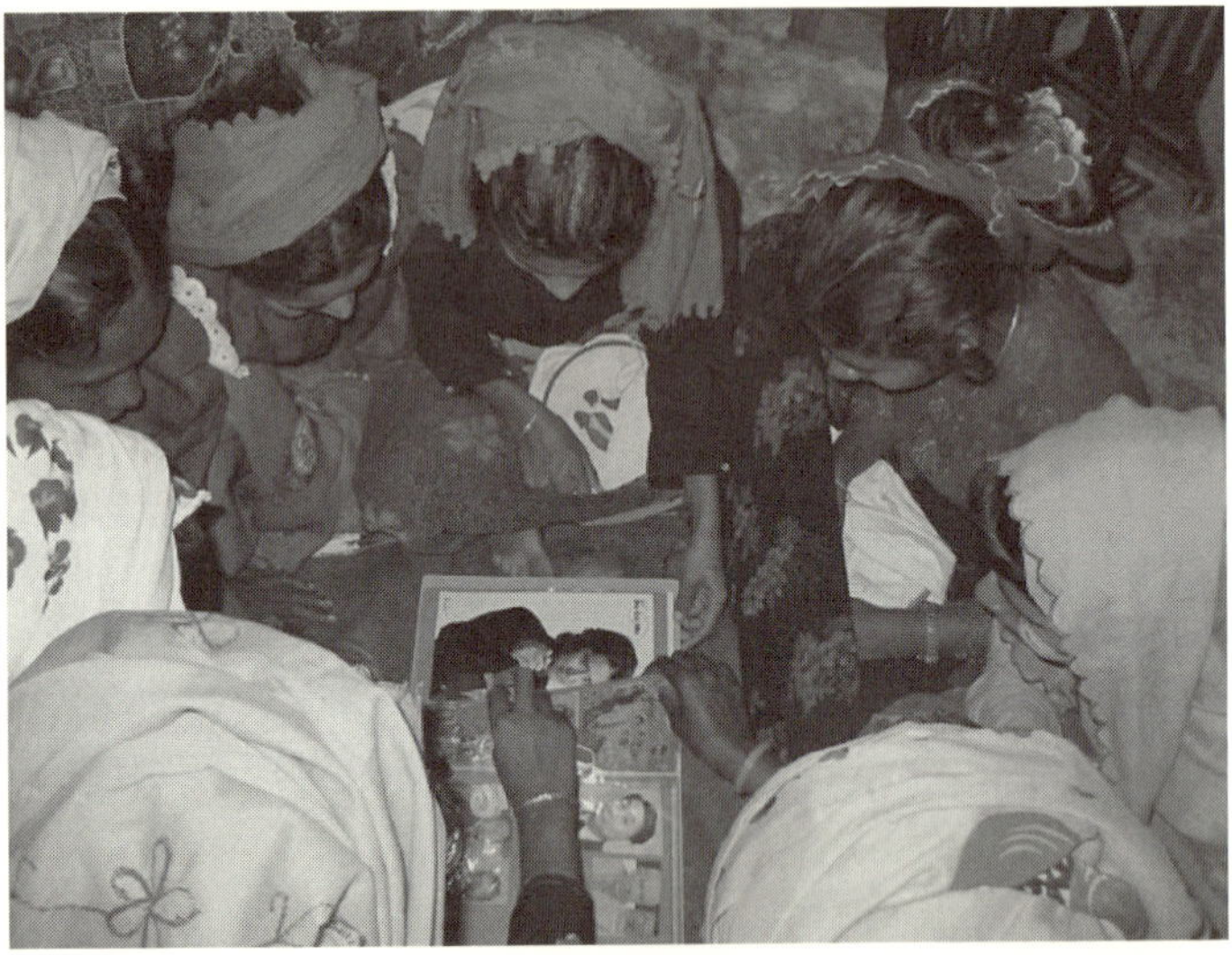

家族の健康と情報交流コースで、日本から送られたファッション誌を食い入るように見る女性たち。それまでの彼女たちに、海外の情報は皆無だった

性の立場は弱く、意見を述べる機会などもちろんない。まして、自由な行動はありえない。訓練生を集めるためにビラを配ったり、村人が集まってお茶を飲むところにビラを貼ってもらったりしたが、誰も来ないこともあった。後からわかったのだが、どうやらモーラビーが「行ってはいけない」と言ったらしい。

そうしたなかで開設した家族の健康と情報交流コースでは、経済的に困窮している家庭の女性、これまで技術習得や職業訓練を受ける機会がなかった女性、そして訓練に強い興味をもち参加したいという意志のある女性たちを選んだ。イスラム系だけではなく、ラカイン族や少数民族の女性も参加した。

彼女たちは他民族と交わった経験がなく、訓練を受けることも初めてなので、当初はけんかや小競り合いもあったが、教えたり手伝ってもらったりという経験をとおして、しだいに「民族共生」の雰囲気が芽生えていく。卒業式では、民族の異なる女性たちが泣いて別れを惜しむ光景も見られたほどである。

8　レンタルショップ事業と適正技術の開発

マウンドーの大半の人びとは、農繁期に自作農家に雇われて田植えや収穫の作業を行う日雇い労働しか稼ぐ手段がない。彼らが食べることに困らないようになるために、ＢＡＪは何ができるのか。いろいろ考えた結果、一九九八年にレンタルショップ構想が生まれた。

それは、住民が収入を得るための手段をＢＡＪが貸し出し、住民がそれによって得た収入からレンタル料金を後払いする仕組みである。もちろん、解決すべき問題はたくさんあった。どんなニーズがあるのか？　何を貸し出すのか？　レンタル料金をいくらに設定するか？　運営経費が本当に生み出せるのか？

最初に行なったのは、ミャンマーのどこにでも見られる自転車タクシー(「サイカ」と呼ばれる)の貸し出しである。ただし、自転車の横に人間用の座席を付けた普通のサイカではなく、

ゼディピン村のレンタルショップの開所式。村人たちが出迎えてくれた

改良型を開発した。しっかりした大型の荷台を付けて荷物を積めるようにしたタイプ、屋根を付けて雨が降っても走れるようにしたタイプなど数種類を技術センターで製作し、貸し出し用としたのである。

朝サイカを借りるときに、登録証を店に預け、日中に稼いで、夕方に返すときにレンタル料金を支払い、登録証を受け取るシステムにした。最初の店は技術センターのすぐ近くに開き、今回も国際ボランティア貯金の寄付金で財源が確保できたので、ゼディピン村などマウンドー周辺の南北五カ所の村に広げていく。

さらに、村人たちによるレンタルショップの運営主体をつくろうとしたが、村内に組織的な基盤があるわけではない。BAJが運営にかかわる間は維持・管理できたが、定着するまでには至らなかった。

マウンドー事務所の辻によれば、最初の店は閉鎖されたが、他の五店舗のうち四店舗は何らかの形で残っているという。現在は建物、敷地、機械類をセットで各地元の運営組織に引き渡した。建物や敷地を他の団体に貸し出したり、村内で機械類を利用したりしている。

レンタルショップに関しては、たしかに事業としては定着できなかった。それは、商業的な意識やセンスを向上させるためにはある程度の時間が必要だったからである。また、機械類を貸し出した際に、油や小さな部品が盗られたり、すりかえられるという、維持・管理上の課題もあった。

とはいえ、全体的にみればいくつもの成果があったと考えている。第一に、とくに農業機械類が地域に紹介され、普及した。第二に、レンタルショップで定期的に技術訓練を受けて、機械類の修理・整備技術が身につけられた。第三に、引き渡し後も他団体の活動などで拠点として利用されている。そして、もっとも大きかったのは、レンタルショップにかかわった人材がその後ＢＡＪの技術トレーニングを受け、ＢＡＪのスタッフとしてラカイン州北部で活躍していることである。

並行して技術センターでは、どんな機材が必要とされているのかを考えながら、溶接チームや機械整備チームのスタッフを中心に、機械の試作・改良・開発を進めた。その結果、土木工事用の柄を持って押す一輪車（通称「ねこ車」）、ため池の水を手回しで汲み上げられる人力揚水ポンプ、多くの荷物を運べる荷車などをレンタル機材に追加する。イベントなどがあるごと

大型の荷台を付けた自転車は荷物の運搬用によく使われた

に、これらの新製品を積極的に紹介した。なかでも人気が高かったのは、ねこ車だ。国際機関や海外NGOからの注文を受け、溶接チームが製作して販売した。

こうしたプロセスは、現地の技術スタッフにとっても訓練生にとっても刺激的で、技術センター自体が「新しいことをやっている面白そうな場所」となっていく。また、導入はされたものの普及していなかった灌漑用揚水ポンプ、耕耘機、単気筒ディーゼルエンジン（発動機）なども、レンタル機材に加えた。

私たちが移動手段と考えていた自転車は、意外にも、荷物を運べるように改良を加えることで、運搬手段として使われていく。そういえば、この地域の耕耘機も、田畑を耕すよりも、荷車をつけて人間や荷物の輸送・運搬用として使われるほうが多かった。輸送・運搬手段が整備されていない状況をよく反映している。

一方で、改良や開発を試みたものの成果をあげられなかった機材も、少なくない。たとえば、日本からサンプルで持ち込んだ小型風力発電装置は、強風と降り続く雨にさらされる過酷な状況であっという間に壊れてしまった。太陽熱調理器は調理に時間がかかりすぎた。住民に受け入れられ、暮らしに役に立つ、地域の実情に合った技術と機材の開発は、簡単ではない。

第6章　新たな展開

電気探査の現場。ロープを約400mまっすぐに張り、5m間隔に鉄製の杭を打つ。その杭にそれぞれ電流を流して、帯水層を探す

1　官僚主義との格闘

ＵＮＨＣＲに協力して活動するＢＡＪとミャンマー政府とは当初、直接的な関係はなかった。ＵＮＨＣＲはミャンマー政府の代表である出入国管理国民登録局と公式の覚書を取り交わし、それに基づいて活動している。ＢＡＪはＵＮＨＣＲと契約して、ＵＮＨＣＲの傘下で事業実施パートナーとして活動する。したがって、厳密に言えば、ＢＡＪはＵＮＨＣＲとしか関係がない。ミャンマー政府とはＵＮＨＣＲを通じて、あるいはそのカウンターパートである出入国管理国民登録局を通じての関係しかないわけだ。

しかし、マウンドーの現場では当然ながら、国境出入国管理本部との話し合いや許可を得るための交渉が日常的に求められる。それに、ミャンマーで活動しているのに、ミャンマー政府と話し合えないのは困る。政府と直接意見交換し、将来の活動計画を相談していきたい。

そう考えて日本大使館の高橋妙子書記官に相談したところ、ミャンマー政府国境開発省の総局長を紹介してくださるという。そこで大使館に出向き、高橋さんといっしょに会いに行こうとした矢先、ＵＮＨＣＲヤンゴン事務所の副所長格であるプログラム・オフィサーのハンス氏から電話が入った。

「ＵＮＨＣＲとしては、事業協力パートナーであるＢＡＪが独自にミャンマー政府要人に会うのは困る。会わないでほしい」

まったく予期しなかった理不尽な電話に、困惑せざるを得なかった。だが、このときはＵＮＨＣＲとの付き合いが始まったばかりである。ことをかまえる実績も力量も、私たちにはまだなかった。わざわざ日本大使館にまで電話してきたのだから、よほどのことであろう。高橋さんに丁重にお詫びし、ミャンマー政府との直接接触は中止した。

後から聞いたところでは、当時のＵＮＨＣＲはミャンマー政府と関係がしっかりできておらず、唯一のルートであった出入国管理国民登録局の高官のご機嫌を損ねる可能性があることはやりたくなかったのだという。しかし、このできごとで、もっとも頼りになる日本大使館にミャンマー政府への仲介を頼みにくくなり、ＢＡＪは以後の活動に大きな影響を受けることになる。

マウンドーでの活動が徐々に軌道に乗り始めた一九九七年に入ると、ＵＮＨＣＲの撤退が噂され始めた。国連開発計画（ＵＮＤＰ）に難民帰還事業を引き継ぐというのである。仮にそうなると、ＢＡＪはＵＮＤＰと契約するかミャンマー政府と覚書を結ばないかぎり、ＵＮＨＣＲとともに撤退しなければならない。ＵＮＨＣＲの方針もあるだろうが、ミャンマー政府自身がどう考えているのかを直接聞いて、将来の活動のあり方を考えていきたい。

日本大使館ルートは実質的に遮断されているので、出入国管理国民登録局を通じてミャンマー政府側に直接接触するしかない。しかし、それまでは、マウンドーとシトウェに日本の中古消防車を贈ったときに、社会福祉省と一回話し合った経験があるにすぎない。

私たちがマウンドーで活動を始めてしばらく経ったころ、まともな消防車がないことに気づく。そこで、当時BAJの理事だった平田保さんの仲介で、鹿沼市から提供していただいた消防団の中古軽四輪駆動消防車を寄贈することにした。このとき出入国管理国民登録局と相談して、社会福祉省の局長に会いに行ったのだ。そして、ミャンマーにおいて外国からの品物や機材の提供がいかに困難をきわめるかを思い知らされた。

こうした場合ベトナムでも苦労したが、それでも地方都市の局長レベルの決済で要請状を出せる。彼らが対外的な交渉の窓口となり、相談にも応じる。ところが、ミャンマーでは、政府の担当局長でも国外との対応はできない。大臣レベルでなければ、むずかしいらしい。詳細はわかりようもないけれど……。

私たちは「ほぼ新品同様の整備も完璧な消防車だから、ミャンマーでも役に立つことは間違いない。BAJが活動する地域でぜひ利用してほしい」と思ったが、ミャンマー政府側の論理は異なっていた。はっきりとは言わないが、行政が外国に物品や機材の提供を要請するという形式は非常にとりにくいらしい。

話し合いでは、「それはありがたい」となる。ところが、要請状を書いてもらおうとすると、らちがあかない。市町村長も政府の局長も、外国へ手紙を出せないようなのだ。たびたび依頼したにもかかわらず、返事さえなく、文書はいつまで待っても書かれなかった。

誇り高い姿勢と官僚主義とが混在して、実務はさっぱり動かない。責任ある決定はとにかく上部機関に上げてしまう。実務レベルでは何も決めず、責任回避する。トップ以外は何も決めない・決められないという官僚主義が、きわめて根強い。

今回も、出入国管理国民登録局の責任者に「今後の活動について相談したいから、担当部局への面会を取り次いでほしい」と申し込んだが、会ってもくれない。「もうすぐ会うから待て」の一点張りである。日程をやりくりしてミャンマーに来て、ヤンゴンで待機するという繰り返しだった。業を煮やした私は約一カ月間、毎日毎日、出入国管理国民登録局へ問い合わせたことさえある。それでもダメだった。「では、ＢＡＪはどうしたらいいのか?」と尋ねても、「待て」以外の返事は返ってこない。ミャンマーの一カ月は日本の一日にあたるとでも考えなければ、とてもやっていられないような日々であった。

一方で保健省は海外の団体との付き合いに慣れているらしく、大臣は海外ＮＧＯに会うし、覚書を取り交わすのもそれほどむずかしくなさそうなのである。ＢＡＪとしては教育省、労働省、国境民族開発省など技術訓練や研修に関係する省庁と接触したかったが、ＢＡＪのミャンマー人スタッフは実直なタイプばかりで水面下での交渉ができず、政府要人との面会は結局、実現できなかった。

出入国管理国民登録局からは相変わらず、なしのつぶてである。どうやら、他の省庁の人間には会わせたくなかったらしい。もっとも、それがわかったのは半年以上も経ってからである。

ＢＡＪがミャンマー政府と直接話し合うのは無理かもしれないとあきらめ出したころ、出入国管理国民登録局から、こんな打診があった。

「ヤンゴンに自動車修理の技術センターを造ってくれないか。候補地を見てほしい」

青年たちが技術を身につけ、自力でインフラを整備するための技術訓練を中心に、収入向上プログラムなどを組み合わせていこうというのが、私たちの考えである。だから、マウンドーで自動車修理コースを最初に設けた。しかし、ミャンマーで一番便利な、青年が学ぶ機会もたくさんある首都に、なぜ自動車修理の技術センターを私たちが造る必要があるのだろうか。しかも、なぜ技術訓練を行う省庁ではない出入国管理国民登録局なのか。「省益」を考えた同局がＢＡＪを利用して技術センターを造り、その運用益を手に入れようとしたのではないかという説もあるが、真相はいまもわからない。

ところで、ＵＮＨＣＲは毎年「来年は撤退する」と言いながら、難民帰還がほぼ終了した現在もミャンマーに駐在している。UNDPへの引き渡しがうまくいかなかったのが、大きな理由である。

一方、マウンドーでのBAJの活動を見ていた国連プロジェクトサービス機関(UNOPS)のスタッフが、UNDPの事業に参加しないかという話をもってきたこともある。ミャンマー側のカウンターパートは協同組合省小規模企業局で、内容は東部のシャン州やイラワジ管区のデルタ地域などでの小規模・零細企業を核にした収入向上事業だ。

早速、簑田と現地スタッフの三名でシャン州に視察に出かけた。シャン州は気候が温暖で、雨も多くなく、人びとの雰囲気も穏やか。マウンドー周辺の荒々しい気候と険しい表情とは、かなり異なっていた。どの団体でも活動したくなるのではないかと思われると同時に、マウンドーの厳しさを改めて感じたものだ。ただし、推進役のUNOPSのスタッフが転勤となり、途中で沙汰やみとなってしまった。

2　中央乾燥地域で井戸を掘る

一九九八年一〇月に、UNHCRヤンゴン事務所のミャンマー人スタッフであるゾーミン氏から連絡があった。

「技術をもっているBAJと話がしたいと、政府高官が言っている」

その高官とは、国境出入国管理本部の初代司令官であったタンエ氏(故人)である。

ゾーミン氏は、私と簑田が初めてミャンマーを訪問した際に、タンエ氏といっしょにミャンマー料理のレストランに招待してくれた人物だ。その後もUNHCRヤンゴン事務所を訪ねるたびに部屋に寄って、熱いコーヒーをご馳走になりながら、よもやま話をして一息つかせてもらっていた。同じUNHCRの職員でも、ミャンマー人スタッフとの間には何となく親しみや気安さがある。国際スタッフとの緊張したやり取りの後で、ホッとしたひとときを過ごさせてもらったものだ。現在はUNHCR本部採用の国際スタッフとなって、海外の現場で活躍しているという。

タンエ氏は、一九九四年にUNHCRがマウンドーで難民帰還事業を開始したときの国境出入国管理本部司令官で、実質的な責任者である。国際社会からのさまざまな要望や意見に対してそれなりに率直な意見を言う、気さくな性格で、「困ったことがあれば、いつでも来ていい」と私たちに言ってくれた唯一の政府要人だった。

このときの肩書きは、ヤンゴンの戦略研究所(OSS)の局長である。戦略研究所は国防省の組織だが、ミャンマー側の誰に聞いても、組織実態を説明できない。国際機関のスタッフに尋ねても、よくわからなかった。電話帳にも掲載されていない。どうも、当時ナンバー3だったキンニュン首相（二〇〇四年一〇月に解任）の秘書室機能を果たしているらしかった。省庁横断的な仕事も多く行なっていて、国境出入国管理本部も傘下の組織のようだ。政権内で力があり、比較的若くて優秀な人間が集まっているらしい。

タンエ氏に会うと、マンダレー管区の中央乾燥地域（通称ドライゾーン）で井戸を掘ってほしいと提案された。生活用水に困っていて、井戸を掘っているが、なかなかうまくいかないという。

「日本の技術に私たちは期待しています。BAJの力を借りたいんです。戦略研究所はドライゾーンで活動をしていますから、BAJに協力できるし、ミャンマー政府機関への正式な手続きについても調整できるので、心配ありません」

八方ふさがりだった状況に少しだけ明かりが見えてきたと、私は思った。井戸掘りは、簑田がJVCにいた一九八〇年代にタイのカンボジア国境で経験している。彼は日本の井戸掘削会社で研修を受け、マウンドーで掘った経験もある。早速、五月に現地調査に出向いた。

ところが、調査してみると水不足は予想以上だった。中央乾燥地域は仏教徒がほとんどで、村々には僧院があり、お坊さんがもっとも尊敬されている。そのお坊さんが生活に使う水すらない村もあるという。したがって、水を得るために、一〇キロ以上離れた涸れていない溜池や井戸のある村まで徒歩で往復しなければならない。暑さのなかを長時間天秤棒をかつぎ続け、

井戸のない村では溜池が頼りだが、多くは乾期には涸れてしまう。村人たちは数時間もかけて水を汲みに行かなければならない

倒れて亡くなった村人もいたそうだ。

しかも、調べていくうちに、井戸掘りは容易ではないことがわかってくる。水のある帯水層がとても深く、二〇〇～三〇〇メートルまで掘らないと水が出てこないのである。マウンドーで掘っていた深さ十数メートルの井戸とは、事情がかなり違う。深い井戸を掘るためには大型機械が必要だ。それは、ＢＡＪで購入できる金額ではない。

また、村への道路は砂地で、砂漠のような地域を走らないと到着できない。「パリ・ダカールラリーみたいな道です」と説明すると、日本人にもなんとなくわかってもらえるだろう。

通信事情はマウンドーより多少はいいも

のの、たいした期待はできない。仮に事業資金が調達できたにしても、決して簡単にはできそうもない。ただし、マウンドーと違って、村人たちは貧しいが平和な雰囲気で、民族や宗教の対立が感じられなかった。

NGOが外国で何らかの決断をするに際しては、関連情報を集めて判断するが、限界がある。まして、軍部が政権を握る閉鎖社会のミャンマーでは、外国人が情報を得ることはきわめてむずかしい。調査や情報だけに頼っていては、なかなか決められない。最終的には、どのルートの誰からの話かで判断するしかない。そして、活動現場における信頼できる機関や人間の存在が、ポイントとなる。重要なのは人間である。

私たちは、困ったときにはタンェ氏に相談できると考えた。そして、一九九九年三月に、カウンターパートとして紹介された、生活用水供給に責任をもつ国境民族開発省開発局(DDA、以下「開発局」という)と事業の覚書を結んだ。

詳しい調査の結果、掘削機材は現地で借りられ、掘削技術者も集められそうだという。とはいえ、どこに帯水層があり、どこに井戸を掘ればいいかを調べられる技術者は、ミャンマー側にいない。帯水層を物理的に特定していく手法のひとつに電気探査がある。それに通じた、技術者を日本で探さなければならなかった。もちろん、資金集めも欠かせない。

実は、最初の現地調査をしたときから、簑田はある人物となんとか連絡を取ろうとしていた。それは木村信夫である。木村はかつて、簑田といっしょにカンボジア難民のために井戸を掘っていた。その経験をとおして、専門知識と技術がなければ現場では役に立たないことを知り、物理探査と電気探査を学んで、その道のプロとして働いていたのだ。マウンドーに駐在したときから簑田は何度か電話していたが、つかまらなかったという。

ところが幸運なことに、覚書を結んだ直後に連絡が取れた。まさに「天の助け」である。事情を話して、休暇が取れる盆と正月に現地へ行ってもらうことにした。後から聞いてみると、木村の仕事は日本の温泉の掘削やトンネル工事などの調査で、ほとんどが山間部だったという。だから現場出張が多く、自宅にはめったに戻らなかったそうだ。彼は現在、ＢＡＪの技術部長として東京とミャンマーで活躍している。

これで人材の問題は解決した。また、草の根・人間の安全保障無償資金協力(一〇四ページ参照)の助成を受け、あわせて立正佼成会に事業の意義を訴えた結果、約五〇〇万円の資金が集まり、一番安い電気探査の機械を購入できた。二〇〇万円弱である。木村が現地スタッフに使い方を教えた。地中に電流を流し、その抵抗を測定・解析して、帯水層がある場所を推定していくのだ。

第一号の井戸を掘る地域に選んだのは、マンダレー管区の西部に位置するニャンウー郡のニャントウ村(人口一七四〇人)だ。村人たちは、井戸が掘られて水が出るのを期待して電気探査

水管理委員会との話し合い。BAJ との役割分担を明確にして、全員に周知する。中央で立っているのが私

作業に全面的に協力した。とはいえ、なかなか帯水層にぶつからない。「井戸の掘削はいつ始まりますか？」と村人に聞かれても答えられない、辛い日々が続く。

初めて水が出たのは、覚書を結んで半年後の一九九九年一二月末である。ただし、水が出たからといって、それで問題が解決するわけではない。水質検査、貯水タンクの建設、揚水ポンプの購入・輸送・据え付けが必要である。さらに、村が井戸を維持・管理していくためには水管理委員会が欠かせない。そのつくり方から始まって、水質や揚水ポンプの稼動状況のチェック、水の販売価格の決定方法、問題が起きたときの解決策などの研修を行なった。

それから九年が経った二〇〇九年二月、

井戸建設100本記念式典。左から2番目が多額の資金援助をいただいた渡部隆夫ワタベウェディング社長。真ん中は開発局幹部のウーミンウー氏

BAJが掘った井戸は全部で一〇〇本となり、二一日にチャウパドン郡のポンター村で「井戸建設一〇〇本記念式典」を開催した。このほか、修繕した井戸は一三五本、村人に対して実施した地質調査、技術トレーニング、ワークショップの参加者は、のべ一四八七名に及んでいる（**表3**参照）。

新しく二〇〇〜三〇〇メートルの深い井戸を一つ掘るには五〇〇万円以上かかる。しかも、二〇〇七年は揚水ポンプや燃料の石油が値上がりした。幸い、二〇〇〇年七月〜〇三年七月の三年間は約一億円ずつをJICAの「NGO／JICA開発パートナー事業」によって確保できた。その後は外務省の「日本NGO連

表3　中央乾燥地域で行なってきた給水事業

活　動　内　容	利益を受けた人
新規井戸の建設 (100本分、ポンプ、貯水タンク付)	108,503人
既存井戸の修繕(135本、220回)	167,603人
地質調査とトレーニング	213人(村人) 51人(訓練生)
技術トレーニング	198人(村人) 418人(訓練生)
水管理委員会の情報共有ワークショップ	204人(村人) 403人(参加者)
学校の屋根を利用した雨水タンクの建設	1,800人(生徒)
ため池改善	16ヵ村

携無償資金協力」（ＯＤＡ）を中心に、年間数千万円の予算規模で活動を継続している。

一方、壊れた井戸の修繕にはそれほど費用はかからない。ＢＡＪでは、各地の村からの要請をきっかけに修理のノウハウを蓄積するように努めた。

井戸が掘られた効果は、以下に述べるようにきわめて大きい。

①収入の増加と支出の減少

水汲みに要していた時間を生産活動にあてられるため、一世帯あたりの収入が増え、経済的な余裕ができる。その結果、さまざまな変化が生まれた。たとえば、ヤシの葉でできた家の屋根をトタン屋根に張り替える、敷地内に雨水を溜めるタンクを造る、自転車やバイクを購入する、小売店やビデオショップを始める、所有する土地や家畜が増えるなどだ。また、牛車がなく、天秤棒で水汲みをする人手もない家では、村で売られる高価な水を買わなければならなかったが、

井戸ができて余裕が生まれ、家を建て直す農家も出た

井戸ができてからは村内で適切な価格の井戸水を買えるようになり、支出が減少した。

②教育的な効果

子どもたちが水汲みの労働から解放され、学校の出席率が上がった。また、中学校や高校へ進学するためには、制服代や文房具代などが必要となるし、他の村まで通わなければならない。これまでは、収入の少ない家庭の子どもは進学をあきらめざるを得なかったが、経済的な余裕が生まれたので、進学率も上昇した。井戸ができて数年経つと、大学生が数人いる村や就学前教育を行う村もある。

③衛生的な効果

雨が降り始めたばかりの溜池の表面の水は、不純物が沈澱しておらず、下痢をしばしば起こす。また、溜池しか水源がない村では、一日に使用で

水は大切。子どもが水浴びしたあとの水は、牛や山羊が飲む

きる水量に限りがあるため、毎日、水浴びや洗濯ができなかった。十分な生活用水を得られるようになって、子どもたちの衣類が清潔になり、眼病や皮膚病も減っている。

④村の開発への活用

井戸が安定して稼動すると、井戸のない近隣の村人にも、井戸水を適切な料金で販売できる。したがって、水管理委員会が機能すれば、水の売上金による余剰金が生まれる。それは村落住民の独自のアイディアによって、さまざまな形で村の開発に活用されている。たとえば、低金利のローンシステムの新設、小学校・僧院・仏塔の建設や修繕、井戸から僧院や学校への水のパイプラインの設置、場水ポンプ駆動用のスペ

バガンの仏塔遺跡群を臨む

アエンジンの購入などである。

現地スタッフのほとんどは中央乾燥地域の出身者なので、村人の苦労を身にしみて理解している。彼らは井戸の掘削、修繕、維持・管理、電気探査などの技術を習得し、水管理委員会の運営ワークショップや村人と行政との連携など、多くの活動にかかわってきた。いまでは、さまざまな技術的助言ができるスタッフも生まれつつある。ＢＡＪの活動がきっかけとなって、地域の技術レベルが向上しつつあるのは、うれしいかぎりだ。しかも、二〇〇七年ごろからは、ＢＡＪの現地事務所に、行政機関からも技術研修の相談や依頼が持ち込まれるようになった。

3　日本からの支援と交流

中央乾燥地域は、国境に近いマウンドーより外国人が訪れやすい。なかでも、ニャンウーやバガン周辺はパゴダと仏塔遺跡群で有名な観光地で、観光ビザでOKだ。水に困っている村はその奥なので、あらかじめカウンターパートである開発局を通じて許可を得なければならない。それでも、ヤンゴンからニャンウーまで一日数便の飛行機が飛んでいて、マウンドーよりもずっと便利である。

マウンドーの活動現場を日本から訪ねるのは無理だが、中央乾燥地域の村なら可能だ。水というテーマが多くの人びとの共感を呼んだのか、井戸掘りの事業には、支援金がよく集まった。これはマウンドーの活動ではなかったことで、スタッフや村人を勇気づけていく。現地の状況や活動が多くの人びとに知られれば、支援者や理解者がいっそう増やせるだろう。

日本外国語専門学校(東京都新宿区)国際ボランティア科の学生たちが、井戸掘りに協力するためにチャリティーコンサートを開きたいと言ってBAJの東京事務所を訪れたのは、二〇〇〇年の四月である。チャリティーコンサートの収益金を寄付したいと言う。

申し出がうれしかったのは当然だが、現地の状況を知ってほしかったので、コンサート前の七月にタナピン村、チュンボーカン村、モンダイン村など五つの村を訪問してもらった。そのうえで、学生たちは準備に邁進する。若さと馬力にものをいわせたおかげで、東京・目黒公会堂で一一月二五日に行なったチャリティーコンサート「ミャンマーのじゃぐち」(埼玉県立伊奈学園総合高等学校吹奏楽部、エスニックミュージックセンター、シェラーミンビルマ舞踊団などが

学生たちと村人で描いた絵。前列左の学生は現在 BAJ のスタッフ

出演)には約三五〇人が入り、約八五万円の収益金が集まった。

この収益金をどう役立てるかを学生たちと東京事務所で相談した結果、事前視察で訪ねたタナピン村の貯水タンクの建設費用にあてることに決定。学生たちは収益金を持って、二〇〇一年三月に再訪問する。

それに先立って、村の小学校を訪ねようとか、子どもたちとどんな遊びをしようとか、一生懸命に知恵をしぼった。さらに、貯水タンクの壁に村人といっしょに絵をペンキで描きたいと提案。何を描くかいくつかの案を日本で考えたうえで、村人と話し合い、ミャンマーと日本の国旗を平和の象徴であるハトがくわえている絵を描いた。イベントが少なく、外国人がほとんど訪れない村で、ＢＡＪ

がまさに「ブリッジ」となって生まれた両国の交流である。

ＢＡＪの場合は、どうしても井戸掘りや水管理などの実務的な話だけになりがちである。子どもたちとどんな遊びをしたら面白いかとは考えないし、いっしょに絵を描こうとも思わない。学生たちは、ミャンマーの子どもたちと、相撲、縄跳び、綾取りなどを楽しんだ。ミャンマー側も日本の学生たちが来るというので、ミャンマー舞踊などの準備をして迎えてくれた。学生たちの新たなスタイルの交流が、村人にもＢＡＪの現地スタッフにも大いに刺激となったのは、いうまでもない。ミャンマーの村を応援するチャリティーコンサートは、二〇〇一年の「天びん棒の道」、〇二年の「夢のなる樹」と、三年間継続して開催された。

学生たちは卒業後の二〇〇二年三月に、現役学生も含めて、ミャンマーにおける教育支援をおもな目的としたＷＡＶＥ(Water for All and Vision on Education in Myanmer)という国際協力ＮＧＯをつくり、小学校に椅子と机を贈るなどの支援と交流を継続している。毎年夏には、ＷＡＶＥのメンバーがスタディツアーで現地を訪れ、卒業後の様子を写真で紹介するなど、村人たちとの交流を深めてきた。ＢＡＪは、スタディツアーの受け入れには労を惜しまない。

また、大学の先生たちからはさまざまな助言を得てきた。その一人が東洋大学国際地域学部の北脇秀敏教授である。北脇さんはＢＡＪの理事でもあり、設立当初からベトナムでのごみ処理問題の相談にのっていただいてきた。現地で実際に役に立つ適正技術に関心をもつ、環境衛生の専門家だ。一九九五年には、北脇さんと東京大学工学系研究科（国際環境計画講座）の大学院生だったアフルレドさんの二人でベトナムの地方都市のごみ処理について研究し、その成果を国際開発学会で発表してもらった。

中央乾燥地域を訪問した北脇さんから二〇〇〇年に、ＢＡＪが現場でかかえる課題を学生の卒業論文研究に取り入れられないだろうかという相談を受ける。マウンドーと違って学生の現地滞在も可能なので、北脇研究室の上田豊隆君の現地研究に協力した。上田君は大学院に進学し、修士論文では卒論をさらに深化させた。そのテーマは次のとおりである。

卒業論文：ミャンマー乾燥地生活用水供給プロジェクトの村人へのインパクトに関する研究。

修士論文：ミャンマー中央乾燥地域における村落給水事業に関する研究。

ＢＡＪには多くの学生から卒業論文や修士論文への協力依頼がくる。しかし一過性の内容だったり学生からだけの依頼は、お断りしている。学生に協力していっしょに考えていくことは、ＮＧＯにとって新たな発見が得られる場合もあるが、大きな負担でもある。共同作業は双方にプラスがなければ続かない。協力の前提として、ＮＧＯと指導教官と本人という三者の信頼関係に加えて、国際協力に対する考え方やかかわり方への合意が確認されていなければならない。

国際協力ＮＧＯの現場スタッフは日々の事業に精一杯で、他のことまでなかなか手がまわらない。まして、学生の生活の面倒などみられない。一方で、ミャンマーのような外国人の訪問が極端に制限された国では、短期間ではあっても外部の人間が現場にかかわれば、現地スタッフや村人の刺激になるというプラスの側面もある。さまざまな立場の人間がアイディアを出したり、ＮＧＯとは別の観点で研究・整理していけば、ＮＧＯにとってもメリットがある。

国際協力ＮＧＯと大学との協働がうまくいくためには、大学の先生がＮＧＯや現場の状況を理解しているかどうかが重要である。北脇さんは、途上国のＮＧＯやＯＤＡ、国際機関の現場を数多く経験され、その豊富な知見は私たちにとって大いに参考になった。

最近は、大学では京都大学や駒沢大学など、地方自治体では北海道旭川市や福岡県久留米市などに国際協力に直接取り組んでいこうという動きがあり、ＪＩＣＡなども積極的に後押ししている。修士課程の大学院生を国際協力ＮＧＯに派遣する試みもある。大学や地方自治体のＮＧＯに理解ある人びとの支援で、こうした協働は進んでいくだろう。それを実効あるものにするためには、ＮＧＯ出身者がもっと大学や地方自治体、さらにはＯＤＡ機関の仕事に就くことが望まれる。ＮＧＯを理解する大学の先生が増えていけば、ＮＧＯとの連携も多面的に進んでいくにちがいない。

4　民間資金を生かしたＮＧＯの国際協力

私がワタベウェディングの渡部隆夫社長(当時。現在は会長)を知ったのは、二〇〇四年一〇月二五日〜二九日の『日本経済新聞(夕刊)』の「人間発見」という連載記事である。両親が創業したワタベ衣裳店(現在のワタベウェディング)に入社し、海外挙式手配の市場にいち早く乗り出して、ブライダル業界のトップに育てあげるまでの経緯が、一週間にわたって掲載されていた。その最終回に、大きな夢として、こう書かれていた。

「アジアの最貧国で井戸掘りができないかと考えています」

一九四一年生まれで、第二次世界大戦後の貧しい時代を生きてきたこの人であれば、ミャンマーの状況を理解して、井戸掘りをとおした生活用水の供給事業への支援をしてくださるのではないか。そう直感した私は、すぐに理事長の根本と相談して、彼女が渡部社長に手紙を出した。三週間近く経ったころ、根本が手紙を差し上げた件で電話すると、話を聞いてくださるという。そして一一月二六日、ワタベウェディングの関連会社である目黒雅叙園(東京都目黒区)でお会いした。一部上場企業のトップに時間をとっていただき、ＢＡＪの活動への協力をお願いをするのは、私も根本も初めてである。

最初に驚いたのは、一階のエレベーターのところまで渡部社長自身が迎えに来られたことだった。しかも「今日はお時間をいただいて、わざわざお出かけいただき、ありがとうございます」と挨拶されるのだ。私たちはまったく恐縮してしまった。それから、ビデオを交えて中央乾燥地域の状況とＢＡＪの事業を報告した。

「結局どれぐらいの資金が必要でしょうか？」

そう質問されたときは、夢かと思った。通常は、企業のＣＳＲ(社会的責任)担当者に会ってもらうのもむずかしい。多くの場合はアポイントさえ取れない。仮に会えても、たいていの返事は「検討します」で、寄付まではめったにつながらない。渡部社長にＢＡＪの事業をお話できただけでも、私たちにとっては画期的であった。

人間は実際に会ってみなければ、その器はわからない。「実るほど頭《こうべ》を垂れる稲穂かな」ということわざがあるが、本当だと思う。その数カ月後に、一時帰国した木村を同行して二度目にお会いしたとき、寄付してくださることが決まる。そのとき渡部社長はこうおっしゃった。

「水がない地域に水を出す(供給する)ことは、私の夢でもあります。私たちはその仕事を直接はできないので、せめて資金面でお手伝いさせていただきます。具体的なことは皆さんがいいと思う方法で進めてください」

ＢＡＪは一つの事業に対して数百万円の寄付しかもらった経験がなかったが、渡部社長は

開発局から借りていた掘削機。
故障が多く、稼働率は60%程度だ

「必要なら一〇〇〇万円以上も検討する」とおっしゃった。

木村は、自前の井戸掘削装置がほしいという。それまでは、開発局から井戸掘削装置を掘削技術者ごと有料で借りて井戸を掘っていた。しかし、開発局には年間計画がある。日程調整が大変で、ＢＡＪが必要なときに貸してもらえるとは限らなかった。自前の掘削装置があれば、計画的に井戸が掘れるし、掘削技術者も養成できる。

開発局にある数台の掘削装置はＪＩＣＡから供与されたもので、いずれも「トラックマウント型」（全輪駆動の大型トラックに掘削機や揚水ポンプなどの機材が積載されている）だった。価格は軽く一億円を超える。日本では、トラックマウント型はめったに見かけない。それぞれの機材を中型トラックで運び、現場で据え付ける、「据え置き型」が主流だった。

中央乾燥地域では、大型トラックが通れる道は少ない。全輪駆動なので悪路でも走るが、幅の広い道を探すことから始めなければならなかった。政府が道路を整備してくれるわけではないから、村人の負担も大きい。据え置き型ならば中型トラックで輸送できる(ただし、発電機などの付属機材は必要だ)。

ＪＩＣＡは据え置き型の掘削機をミャンマーに供与していなかった。こうした機材の供与は、相手国からの要請を基本とする。ミャンマー政府が高額なトラックマウント型を望んだためである。

そもそも、中古のトラックマウント型は日本にほとんどない。私たちは質が比較的よい中古の据え置き型を見つけて、再整備した。国際的な潮流からすれば、ミャンマーでもいずれ据え置き型が主流になるだろう。それに、発電機などは他の用途にも使えるので、ミャンマーの将来にとっても都合よいはずだ。

こうした機材を輸入するには、ミャンマー政府の輸入許可が必要だし、輸入関税もかかる。だから、開発局からの各種申請書類が不可欠になる。このときは、開発局の協力が比較的スムーズに得られた。

初年度(二〇〇五年度)のワタベウェディングの寄付一五〇〇万円は、据え置き型井戸掘削機の購入にあてさせていただいた。ＢＡＪではこれをワタベ号と名づけ、村人は「ワタベマシーン」と呼ぶ。従来の機械よりも掘削時間を大幅に短縮できるので、工事期間が短縮でき、村の負担を軽減できた。現在では、ワタベ号の操作や維持・管理ができる技術者も育っている。

私たちは、当時のミャンマーにはないが有用と思われる機材を選択した。おそらく、自前の掘削機を持っているＮＧＯはないだろう。一時的とはいえ、海外ＮＧＯでなければ維持・管理できない高価な機材を導入するという選択がよかったのかどうか思い悩んだりもするが、最終的には後の評価を待ちたい。ただし、以下の点は自信をもって言える。

ミャンマーのような後発途上国では、機材は力である。機材を持っていなければ、相当な資金力がないかぎり、政府から無視される。もちろん、住民たちはどんな小さな支援でも喜んで受け入れる。しかし、住民たちを直接支援できる立場を獲得するためには、ミャンマーではまず政府に受け入れてもらわなければならない。

そして、人材、技術力、資金力、機材、実績の総和が、現地における国際協力ＮＧＯの存在価値を示す。小規模な資金と善意だけでは、よほどのユニークな活動ができないかぎり、政府はおろか、ＮＧＯを含めた国際社会からも無視されかねない。

中規模のＮＧＯであるＢＡＪは、背伸びする必要はない。だが、ミャンマーで活動するＮＧＯとして一定の地位を確保しておくことは、事業の継続や現地政府の協力に加えて、スタッフの安全上からも必要である。

渡部社長との出会いによって生まれたワタベ号による井戸掘削事業は、ＢＡＪの活動に大きな可能性を生み出した。通常の公的資金は計画に基づいて資金の使途が細かく定められおり、変更は容易ではない。現地の状況が変わっても、物価が上昇しても、計画どおりに進める義務が課せられている。また、実施の途中で新たな事業の必要性が判明しても、それに使える予算はない。自己資金でまかなうか、次年度以降に新たに計画して実施するしかない。

途上国の常として、政治情勢は不安定だし、事業実施のタイミングが重要だ。すぐにやれば少額でも効果があがるが、一年経ってからではゼロからのやり直しに近い場合も少なくない。そんなとき、計画の変更に柔軟に対応でき、一定の裁量の余地がある民間資金は、本当にありがたい。

とはいえ、これはＮＧＯにとって両刃の剣でもある。制限が少ないというのは、ある意味では一番大きな制約でもある。企業や個人は、苦労して稼いだ浄財を寄付してくださる。その貴重な果実を使わせていただくという緊張感を、絶えずもたなければならない。

人間の善意と信頼に基づいて事業を行うのがＮＧＯだ。信頼を一度でも裏切れば、そのＮＧＯに将来はない。信用や信義にかかわる部分がもっとも大切である。そこがしっかりしていなければ、いくら広報や宣伝が巧みでも、現地の人びとから信頼されるはずもないし、資金の提供も継続されない。お互いの信頼関係をつくっていくのは簡単ではなく、時間もかかる。しかも、いったん信頼を失えば、修復はむずかしい。浄財を寄付していただいているという緊張感を絶えずもって事業を行うことが、ＮＧＯにはきわめて重要だ。そして、「寄付してよかった」と感じてもらえるように努力していかねばならない。

ＪＩＣＡをはじめとする公的な支援制度は、制約が増える傾向にある。事業の企画・提案書や会計報告書など、より細かな手続きや書類が必要になっている(第7章3参照)。税金を支出する事業だからやむを得ない面はあるが、開発コンサルタントなど実施企業への規則はとても細かい。一度決まったら、計画変更は容易ではない。現場専門家の裁量範囲は少なく、細かな報告書を書くために忙しい。計画に書いてあることだけしかやれない。

それに比べて柔軟な民間資金には、大いなる可能性がある。なにしろ話が早い。いいとわかったら、すぐに決断される。もちろん、計画を変更する場合は、その旨を説明に行き、了承していただかなければならない。とはいえ、手続きや規則に少しでも違反していないかよりも、現地に役立つ協力事業が大切であるという基本が理解されているので、決定まで数カ月もかかるようなことはない。

ワタベウェディングのような一企業からの支援によって、生活用水の供給に関して非常に大きな成果があげられた。企業の資金面によるＮＧＯへの協力が増えていけば、素晴らしい結果が得られるだろう。

ＢＡＪはこのほか多くの企業から支援を受けてきた（**表4**参照）。たとえば、ラカイン州のコミュニティ社会開発事業の一環として行なっている貧しい女性を対象にした自立支援のためのプログラムには、三井住友銀行の社員の方々が拠出したボランティア基金より、二〇〇七年から毎年一〇〇万円を寄付していただいている。また、ＩＮＡＸからはベトナムの子どもたちを対象にした環境教育の活動資金をいただき、子ども向けのテキストを共同で開発したり、手洗いの指導をお願いしたりした。これも、〇六年から継続している。

ＮＧＯの場合、相手国の地方政府機関がパートナーのケースが多い。その分、現地での自由度が相対的に大きく、住民に近いところで活動できる。私たちが現地から学ぶこと、得ることも多い。政府間協力はもちろん重要だが、人と人とを結ぶ活動、柔軟性のある民間資金を基礎としたＮＧＯの活動の意義は、今後ますます増していく。民間を中心とするＮＧＯ支援が充実していけば、新しい日本の国際協力のモデルが次々と生まれるだろう。

表4　BAJへの協力企業と支援内容など

企　業　名	国　名	支　援　内　容	金額	年
キヤノン	ベトナム	障がい児職業教育	20万円	2001
キヤノン	ベトナム	障がい児職業教育	20万円	2002
キヤノン	ベトナム	障がい児職業教育	50万円	2003
ローソン	ミャンマー	ラカイン州の社会開発事業(女性の自立支援)	10万円	2003
間組		全般	1200ドル	2003
キヤノン	ベトナム	障がい児職業教育	50万円	2004
ローソン	ミャンマー	ラカイン州の社会開発事業(女性の自立支援)	14万円	2004
大泉エンジニアリング	スリランカ	津波被災支援	200万円	2005
キヤノン	ベトナム	障がい児・者支援	50万円	2005
ローソン	ミャンマー	ラカイン州の社会開発事業(女性の自立支援)	19万円	2005
ファイザー製薬	ミャンマー	中央乾燥地域の生活用水供給事業	160万円	2005
ワタベウェディング	ミャンマー	中央乾燥地域の生活用水供給事業	1500万円	2005
味の素	ベトナム	子どもの教育支援	12万円	2005
味の素	ベトナム	子どもの教育支援	12万円	2005
味の素	ベトナム	子どもの教育支援	12万円	2005
ソーワコンサルタント		全般	15万円	2005
INAX	ベトナム	環境教育	100万円	2006
キヤノン	ベトナム	障がい児・者支援	25万円	2006
ローソン	ミャンマー	ラカイン州の社会開発事業(女性の自立支援)	23万円	2006
まるやま	ベトナム	貧困地域の子ども支援	100万円	2006
朝日新聞社	スリランカ	津波被災支援	50万円	2006
富士ゼロックス		全般	10万円	2006
NECファシリティーズ	ベトナム	衛生教育活動の提案ワークショップ開催	120万円	2007
キヤノン	ベトナム	障がい児・者支援	26万円	2007
リコー	ミャンマー	ラカイン州の社会開発事業(女性の自立支援)	20万円	2007
日本航空	ミャンマー	航空チケット代金	28万円	2007

(注1)企業名の㈱などは省略した。
(注2)1万円以下の金額は四捨五入した。

企　業　名	国　名	支　援　内　容	金額	年
ローソン	ミャンマー	ラカイン州の社会開発事業(女性の自立支援)	25万円	2007
ワタベウェディング	ミャンマー	中央乾燥地域の生活用水供給事業	1700万円	2007
INAX	ベトナム	環境教育	100万円	2007
三井住友銀行	ミャンマー	ラカイン州の社会開発事業	100万円	2007
TOTO	ミャンマー	井戸の維持・管理事業	100万円	2007
富士ゼロックス		全般	10万円	2007
キヤノン	ベトナム	障がい児・者支援	28万円	2007
ワタベウェディング	ミャンマー	中央乾燥地域の生活用水供給事業	300万円	2008
ソーワコンサルタント		全般	5万円	2008
日本航空	ミャンマー	サイクロン緊急支援、航空チケット代金	25万円	2008
INAX	ベトナム	環境教育	125万円	2008
三井住友銀行	ミャンマー	ラカイン州の社会開発事業(女性の自立支援)	100万円	2008
ローソン	ミャンマー	ラカイン州の社会開発事業(女性の自立支援)	32万円	2008
シースクエア	ミャンマー	サイクロン緊急支援	10万円	2008
ヨシカネ工務店	ミャンマー	サイクロン緊急支援	10万円	2008
商船三井ロジスティクス	ミャンマー	サイクロン緊急支援	2万円	2008
アークウェブ	ミャンマー	サイクロン緊急支援	2万円	2008
ビロタス	ミャンマー	サイクロン緊急支援	4万円	2008
峰秀興業	ミャンマー	サイクロン緊急支援	3万円	2008
日本開発サービス	ミャンマー	サイクロン緊急支援	5万円	2008
大木組	ミャンマー	サイクロン緊急支援	3万円	2008
トーメイ	ミャンマー	サイクロン緊急支援	1万円	2008
静岡対外交流	ミャンマー	サイクロン緊急支援	1万円	2008
日本航空	ミャンマー	サイクロン緊急支援	15万円	2008
アールエスエス	ミャンマー	サイクロン緊急支援	3万円	2008
風の森	ミャンマー	サイクロン緊急支援	3万円	2008
ソーワコンサルタント	ミャンマー	サイクロン緊急支援	1万円	2008
キャピタル工業	ミャンマー	サイクロン緊急支援	2万円	2008
インテグレイティブ・ウエルネスケア	ミャンマー	サイクロン緊急支援	1万円	2008
オガノ大阪営業所	ミャンマー	サイクロン緊急支援	2万円	2008

企　業　名	国　名	支　援　内　容	金額	年
ブリッジャーズ	ミャンマー	サイクロン緊急支援	1万円	2008
東芝	ミャンマー	サイクロン緊急支援	200万円	2008
国際航業	ミャンマー	サイクロン緊急支援	30万円	2008
ブリッジャーズ	ミャンマー	中央乾燥地域の生活用水供給事業	10万円	2008
ザ・ボディショップ	ベトナム	都市近郊農業の活性化	30万円	2008
TOTO	ミャンマー	井戸の維持・管理事業	80万円	2008
三井物産	ベトナム	環境教育活動	566万円	2008
ワタベウェディング	ミャンマー	中央乾燥地域の生活用水供給事業	2000万円	2008

第7章 NGOとODA

日本NGO連携無償資金協力（ODA）を受けて橋を建設する際は、村人たちが実地で技術を身につける。のこぎりと作品（家具）を前に誇らしげな大工コースの訓練生（ラカイン州北部）

1　BAJとODA資金

BAJがミャンマーで行なってきた事業は、会員の会費、民間の支援者やUNHCRの資金に加えて、外務省の日本NGO連携無償資金協力、JICAの開発パートナー事業や草の根技術協力事業パートナー型などのODA資金を利用している。BAJは緊急援助の経験は多くないが、開発援助の分野では、ODA資金を比較的多く受け取っているNGOである。

外務省の日本NGO連携無償資金協力は、「日本のNGOが開発途上国・地域で実施する経済・社会開発プロジェクト及び緊急人道支援プロジェクトに対し資金協力を行うもの」で、二〇〇二年度に創設された。対象となる事業は、開発協力事業、NGOパートナーシップ事業、リサイクル物資輸送などで、供与限度額は原則一〇〇〇万円(緊急人道支援活動などは一億円)である。厳しい審査や細かな規則はあるものの、事業内容はNGOが主体となって提案できる。

採択後の具体的な打ち合わせや調整は、NGOと在外公館(大使館など)および外務省国際協力局民間援助連携室で行い、計画変更や突発的事態への対応も可能である。このスキームでBAJが実施してきた事業は、ミャンマーが一一(ラカイン州北部五、中央乾燥地域六)、スリラ

表5　日本NGO連携無償資金協力によってBAJが実施した事業

事業名	金額	年度
スリランカ北部地域の公共施設の復興支援	8万968ドル	2002
ミャンマー中央乾燥地域チャウパドン・タウンシップにおける井戸建設による生活改善事業	968万円	2002
ミャンマーラカイン州北部チャウパンドゥ村における小規模橋梁建設によるアクセス改善事業	978万円	2003
ミャンマー村落の桟橋建設によるアクセス改善事業	1,453万円	2003
ミャンマーラカイン州北部ミンルート村における小規模橋梁建設による村落生活改善事業	993万円	2003
ミャンマー中央乾燥地域チャウパドン・タウンシップにおける既存井戸修繕による生活用水供給	908万円	2003
国別NGO研究会(スリランカ)	554万円	2003
スリランカ・キリノッチにおける国内避難民・帰還民を対象とした職業訓練事業	7万5,629ドル	2004
ベトナム都市低所得者地域の生活向上及び教育支援	8万4,341ドル	2004
国別NGO研究会(スリランカ)	435万円	2004
スリランカ・ムラティブ県における津波被害を受けた漁民のための船外機の修理と維持管理能力の強化事業	4万8,516ドル	2005
ミャンマー・中央乾燥地域ニャンウー郡タユウィン山稜西部地域における浅層地下水開発による水供給事業	963万円	2005
ミャンマー・中央乾燥地域マンダレー管区チャウパドン郡市街地近郊2村落と1寺院における新規深井戸建設による生活用水供給事業	1,963万円	2005
ミャンマー・ラカイン州マウンドー・タウンシップゴヤカリ村、チャウパンドゥ村、ティンボークウェ村、インディン村における小規模橋梁建設による村落生活改善事業	3,769万円	2005
ミャンマー・中央乾燥地域チャウパドン郡及びその周辺郡における新規深井戸建設・既存井戸診断修繕による生活用水供給事業	3,805万円	2006
ベトナム・フエ市の都市と農村部における子ども達による資源循環・環境学習事業	996万円	2006
ミャンマー・ラカイン州マウンドータウンシップ　チャンパンドゥ村・ティンボークウェ村間の橋梁建設による村落生活改善事業	2,417万円	2007
ミャンマー・中央乾燥地マグウェー管区およびマンダレー管区における生活用水供給事業	4,127万円	2008

ンカが五、ベトナムが二だ（**表5**参照）。それぞれの報告書をホームページに掲載しているので、関心のある読者は見ていただきたい。

ＪＩＣＡの開発パートナー事業、技術協力プロジェクト、草の根技術協力事業、ＪＢＩＣ（旧国際協力銀行）の提案型案件形成調査は、いずれもＮＧＯなどの団体が対象である。各団体の特徴を生かしつつ、ＪＩＣＡやＪＢＩＣが支援し、共同で実施する。これまでにＢＡＪが行なってきた両者との連携事業は**表6**のとおりである。

これらの件数は他のＮＧＯに比べて決して多いわけではなく、実施国も三カ国に限られている。実績と言えるほどではない。とはいえ、ＢＡＪのようにＪＩＣＡとＪＢＩＣの事業をともに行なったＮＧＯは数少ない。

ＪＩＣＡの事業において、ＮＧＯとの協力は「国民等の協力活動」の促進に必要な業務の一環として位置づけられ（独立行政法人国際協力機構法第一三条第四項）、ＪＩＣＡが直接行う協力事業として、①技術協力（第一項）、②有償資金協力（第二項）、③無償資金協力（第三項）があげられている。それらの内容について、まず説明しておこう。

①技術協力

途上国からの技術研修員の受け入れ、途上国への専門家の派遣、機材の供与、技術協力センターの設置・運営、開発計画に関する基礎的調査。

表6　BAJとJICA、JBICの連携事業

スキーム名	事　業　名	年度	金額
NGO／JICA開発パートナー事業	乾燥地域における生活用水供給計画［ミャンマー］	2000年度 2001年度 2002年度 2003年度	7,301万円 9,030万円 9,547万円 3,152万円
JICA草の根技術協力事業(草の根パートナー型)	ラカイン州シトウェ市における技術訓練学校運営事業［ミャンマー］	2003年度	690万円
JICA草の根技術協力事業(草の根パートナー型)	ラカイン州シトウェ市における技術訓練学校運営事業［ミャンマー］	2003年度 2004年度 2005年度	1,035万円 1,820万円 1,693万円
JICA草の根技術協力事業(草の根パートナー型)	紛争被災地域での農漁業機械関連技術の普及及び生計向上［スリランカ］	2004年度 2005年度 2006年度 2007年度	749万円 2,983万円 200万円 406万円
JICA技術協力プロジェクト＊	ミャンマー国中央乾燥地村落給水技術プロジェクト	2006年度 2007年度 2008年度	781万円 1,361万円 1,461万円
JBIC提案型案件形成調査	ベトナム高等教育に係る調査	2001年度	239万円
JBIC調査	ベトナム都市ごみに関するリサイクルプログラム確立に係る調査	2002年度	301万円
JBIC提案型案件形成調査	ベトナム都市ごみに関するリサイクルプログラム確立に係る提案型案件形成調査	2002年度	2,918万円
JBIC提案型案件形成調査	スリランカ「NGOによる女性の自立支援」に係る提案型調査	2005年度	2,919万円

(注)JICA技術協力プロジェクトは、国際航業とBAJの共同受注。JICAとの主契約者は国際航業で、BAJは従契約者として事業全体にかかわるが、派遣する専門家は2名のみ。他の案件は、JICAまたはJBICとBAJとの契約である。

②有償資金協力

円借款の供与、海外投融資の出資。

③無償資金協力

国民の協力活動の促進、海外移住者・日系人への支援、技術協力のための人材の養成と確保、調査・研究、緊急援助のための機材・物資の備蓄・供与、国際緊急援助隊の派遣。

ＮＧＯに対するＯＤＡ資金の供与のあり方については、長期にわたる外務省とＮＧＯの協議が積み重ねられてきているが、今後の改善を期待したい。また、二〇〇八年一〇月にＪＩＣＡとＪＢＩＣの海外経済協力業務（ＯＤＡ）部門が統合されて、新しいＪＩＣＡが誕生した。ＯＤＡ実施機関としてのＪＩＣＡの役割はさらに重要になり、コンサルタント企業との共同受注もできるようになった現在、ＮＧＯにも大きな影響を及ぼしていくだろう。

ＢＡＪの活動は、相手国の地方政府機関との連携が中心である。ＪＩＣＡの場合はおもに政府機関とその職員を対象にして事業を行うので、同じ国際協力と言ってもまったく異なる。

もちろん、相手国の政府職員に研修を行い、力をつけてもらうのは必要だ。しかし、途上国では一般に、政府機関を通じてだけでは地域の実態や人びとの本音はわからない。シンガポールやスハルト政権下のインドネシアは開発独裁体制で、人びとの意見は反映されにくかった。

共産党一党独裁の中国やベトナム、軍事政権独裁下のミャンマーでは、人びとが政府と異なる意見を口にするのはまさに命がけだ。そのような国ぐにで活動する場合、政府機関と一定の協力をしつつ、地域住民と多面的にかかわるＮＧＯをもっと活用すれば、相互理解と信頼関係を長期的につくっていけるだろう。

ところが現状では、金額ベースで見ると圧倒的に、営利企業である開発コンサルタント企業が実務を担う事業がＯＤＡの中心で、ＮＧＯの占める位置はまだまだ小さい。ＪＩＣＡの業務は、開発コンサルタント企業の監督が中心となる。手続きが重視され、計画は容易に変更できない。しかも、最近は予算が削減され、専門家の現地滞在日数が限られている。さらに、権限はＪＩＣＡ本部にあり、事業実施上の諸決定を現地で行う現場主義は、ようやく始まったばかりである。

これに対して、ＵＮＨＣＲ、ＵＮＤＰ、国連世界食糧計画、ＵＮＯＰＳ(国連プロジェクトサービス機関)などは、事業の多くをＮＧＯに委託している。多くの場合は首都以外の現場に事務所があり、現場主義が徹底している。ほとんどの事業内容を現地で相談し、決定できる。

日本のＯＤＡがＮＧＯにわずかしか供与されないのは、開発コンサルタント企業のような力をもつＮＧＯが少ないからだと外務省やＪＩＣＡは言う。たしかに、日本のＮＧＯの力量は欧米の大きなＮＧＯに比べて小さい。しかし、理由は決してそれだけではない。

2 「ＪＩＣＡ価格」という無駄

ある夜、ＪＩＣＡの専門家としても多くの実績をもつ知り合いの技術者Ｔさんから、ＢＡＪの東京事務所に電話がかかってきた。

「新石さん、俺は情けない。このままでは家に帰る気になれないので、近くの公園で一杯やって電話しています。すみません、ちょっと話を聞いてくれますか」

Ｔさんは開発コンサルタント企業Ｘ社の社員だ。Ｘ社がＪＩＣＡの機材調達に応札することになり、その分野の専門家であるＴさんが具体的な作業を始めた。

通常、ＪＩＣＡの公示案件に対し、コンサルタント企業は見積書と詳細な仕様書に添えてプロポーザル（申請書）も提出し、審査を受ける。採択されると、ＪＩＣＡの担当部署との間で見積書をもとに契約交渉を行い、細かな金額が決定される。この時点で、担当部署から調達部に見積書がおろされ、さらに調達部との交渉を経て、最終見積書と契約書（案）をコンサルタント企業が作成し、実際の調達は調達部が行う。これらの文書作成にはかなりのノウハウが必要とされる。とはいえ、採択されさえすれば支払いは確実に受けられるので、商売としては非常にありがたい。

Tさんは応札のためにX社の見積書などを作成した。もちろん、金額はX社の経費(利益)を含んでいる。しかし、そこへ大手商社A社が割り込んできて、Tさんは算出した金額の二倍の見積書を新たに作成させられた。

「その見積書などを持って応札のためにJICA調達部に行ったら、他社とはしっかり話がついていて、最終的にはA社の単独応札だったんですよ」

二〇〇八年六月には、北海道開発局発注の公共工事をめぐる官製談合で、国土交通省の局長が逮捕された。談合により業界とのつながりを保ち、天下り先の確保を図ったと指摘されている。だいぶ前だが、一九九六年には厚生省(当時)の事務次官が、特別養護老人ホームへの補助金交付に絡み、彩《あや》福祉グループに便宜を図った見返りに約六〇〇〇万円を受け取った疑いで逮捕された(二〇〇三年六月に実刑が確定)。

そんな日本だから、この程度の「事前調整」は珍しくも何ともない。JICAでも、規則に則っていれば単独応札でも問題にはならない。「JICAも薄々わかっているはずなのに、黙って受け取って、『ご苦労様』としか言わなかった。がっかりだったよ」というのは、応札担当者が勝手にがっかりするだけなのかもしれない。

私はかつてベトナムとの貿易会社で仕事をしていたとき、一・八億円で見積もった生産設備とまったく同じものを、大手商社B社が倍の三・六億円で見積もったことを思い出した。大手商社が入って安くなる場合もあるが、「経費」(いわゆる「そでの下」)がかかるので二倍になることもあるのだ。たいていは高くなるだろう。

他社が簡単に参入できない分野で、技術的知識が必要な見積作業となれば、こうしたことは起きやすい。それは割高の事業となってODA予算にはね返り、そのツケは納税者である国民が負担させられる。JICAも、割高となったために他の事業に資金を投入する機会を失う。

Tさんのケースは、一社しか応札しなかったのだから、高額であったとしても合法的ではある。しかし、決して後味がいいものではない。

UNHCRの受託業務では、事業に必要な機材調達のほとんどをBAJが行い、直接メーカーなどと交渉して購入している。マウンドーで自動車修理を行うために必要な機材や工具を購入したときは、自動車修理機材を扱う日本の専門商社四〜五社に見積もりを依頼した。最終段階になって、各社と再交渉したところ、C社からはこう言われた。

「当社はJICAや国際機関など公的機関向けの機材の見積もりに関しては、すべてこの価格(JICA価格)で納入しています。一切の値引きには応じられません」

だが、他社との再交渉の結果、当初予定より安く購入できた。安くなった分、他の必要機材も購入でき、内容を充実させられたのは、いうまでもない。

日本の国力がまだ弱かった一九六〇年代までであれば、国内産業の保護育成のために機材を割高で購入する必要はあったもしれない。しかし、いまや日本は世界第二位の経済大国であると同時に、八〇〇兆円以上の借金をかかえている。そうしたなかでの「ＪＩＣＡ価格」には驚かされた。

3　ODAをめぐる不祥事が起きる理由

二〇〇八年春から夏に、ＰＣＩ(パシフィックコンサルタンツインターナショナル)社のＯＤＡ事業受注疑惑が繰り返し報道され、社長らが逮捕された。ＰＣＩ社は開発コンサルタント業界のトップ企業、つまりＪＩＣＡやＪＢＩＣの事業をもっともたくさん請け負っている会社である。二〇〇二年四月から〇七年一一月までに受注したＯＤＡ事業は約四〇〇件、六五〇億円にのぼるという。明らかになったのは次の二点である。

①中国での遺棄化学兵器処理事業に関連して、発注元の内閣府に事業を水増し請求し、約一億四一〇〇万円を騙し取った。

②香港にある現地法人への送金や架空経費の計上などで少なくとも一億円の所得を隠し、そこからベトナムなどの途上国政府高官に約二四〇〇万円のリベートを贈っていた。捻出した裏金は数億円にのぼるといわれる。

六月二六日の『朝日新聞』によれば、複数のPCI社元幹部がこう証言したという。

「外国公務員へのリベートの提供はPCI設立の六九年の直後からで、四〇年近く行われていた」

「リベートが商慣習として定着しており、海外の有力者にカネも渡さずに『仕事をください』と頼んでも相手にされなかった」

「罪の意識はまったくなかったし、一緒に仕事をしていた商社やゼネコンも巨額のリベートを渡していた」

「やっぱり」というのが大半の見方だ。ODAに伴う現地政府高官に対するリベートの支払いなどのいわゆるODA疑惑は、数年ごとに報道される。二〇〇二年には、開発コンサルタント業界第二位の日本工営や大手商社の疑惑が報道された。業界で圧倒的な力をもつ二社にこうした問題が起きる以上、業界全体に疑惑があると思われても仕方ないだろう。これに対して、JICAやJBICは一定期間の指名停止処分を繰り返してきたが、根本的な解決にはつながっていない。もちろん、リベートを要求する相手国高官は論外だが、開発コンサルタント企業や商社、ゼネコンだけが悪いと言って、それですむのだろうか。

二〇〇七年九月には、日本の円借款でベトナム南部に建設中のカントー橋で橋桁《はしげた》の崩落事故が発生し、五四人のベトナム人作業員が死亡した。円借款の実施責任はベトナム側にあり、通常は国際入札が行われる。この場合は大規模な橋梁建設で、日本の技術が必要であった。その技術を誇る日本企業が入札し、工事中に起きた大惨事である。工事は大成建設・鹿島・新日鉄エンジニアリングの共同企業体が行い、施工管理は日本工営と長大(コンサルタント企業)だった。

カントー橋の近くにはオーストラリアの援助で建設した大きな橋が完成していたこともあって、日本の評判は一気に落ちた。ベトナムでは、今後はオーストラリアに頼んだほうがいいという論調もあったそうだ。ODAだけでなく、NGOも含めた日本全体の信用に泥を塗る不幸な事件であった。外務省では再発防止に向けた委員会がつくられたが、大事故を引き起こした責任を日本側として明確にしていかなければならない。

この二つの事例は、かつてのロッキード事件や、二〇〇七〜〇八年に起きた山田洋行の防衛装備品の水増し請求と防衛事務次官との癒着と比べたら、まだかわいいと言えるかもしれない。しかし、いずれも日本が実施する国際協力事業である。日本の評判と信用を落とすうえに、国民の税金を無駄使いするのは、やりきれない。

どうして、こうなるのだろうか？　多額の資金が動く機材調達やインフラ整備事業では、仕方ないと考えなければならないのであろうか？

関係者は「何とかならないでしょうかね」とは言うものの、表立っては誰もが沈黙する。J

ＩＣＡやＪＢＩＣからは、一定期間の指名停止処分以外に、疑惑を繰り返さないための方策やシステムの改革についての意見はあまり聞かれない。私は、ＪＩＣＡに二〇年以上勤務しているスタッフに率直に聞いてみたら、こう言われた。

「コンサルが悪さをするから悪いんだよ！　おかげで、こっちは余計な規則が増え、仕事がやりづらくて大変なんだから」

ＪＩＣＡ職員は、開発コンサルタント企業の職員から「ＪＩＣＡさん」と言われている。両者の関係は、発注業者と下請けのようなものなので、開発コンサルタント企業側からＪＩＣＡ職員に文句をつけたり、クレームを言ったり、厳しく要求したりすることはまずない。ＪＩＣＡ職員は「お客様」なので、ご機嫌を損ねないように細心の注意を払う。そうしないと、いまの仕事にも次の仕事にも悪影響が及ぶ可能性がある。

開発コンサルタント企業にとっては、ＪＩＣＡは唯一無二の大事な顧客であり、営業の対象であって、協業の相手ではない。そこが、ＵＮＨＣＲなどの国際機関とその事業実施パートナーであるＢＡＪのようなＮＧＯとの関係とは異なる。この両者は互いに協力し、場合によっては文句も言うし、論争もする。

しかし、開発コンサルタント企業とＪＩＣＡの関係は、お客様と使用人、仕事をやらせる人と言われたとおりに請け負う人だ。お客様が気に入るように仕事しなければならない。現地の問題をともに考え、よりよい事業をやっていくよりも、自社の利益や自社とＪＩＣＡの関係が優先する。

繰り返してＯＤＡ疑惑が報道されると、ＪＩＣＡ側が「コンサルタント性悪説」に傾き、絶えず警戒心をもって指導・監督するのは、仕方がないとも言える。たしかに、問題を起こしたのは開発コンサルタント企業側である。だから、指導・監督にあたっては、「悪さ」ができないようにしぼりあげる。計画どおりに事業が行われているか、報告書が正確に書かれて、期限どおりに提出されているか、細かくチェックする。

その結果、ＪＩＣＡ職員はより忙しくなる。そして、開発コンサルタント企業側の実務は、「報告書や諸手続きの書類作成が七割、現地の業務実施が三割」と言われる状況にならざるを得ない。コンサルタント企業の社員は通常、複数の案件をかかえているので、殺人的日程をこなす羽目になる。

なかでも、現地のチームリーダーは超多忙だから、計画書に書かれていなければ、たとえ重要だとわかっていても、やらない。そもそも、やっている暇はない。おまけに、緊急時はもちろん、日本からの視察団へも対応しなければならない。結局、次のように割り切る。

「何をやるかは、ＪＩＣＡさんが判断して決めることです。必要なら、数年後の次のフェーズ(段階。実際にやるかどうかは不明)で取り組めばいいでしょう。それは、自分の問題ではありません。現地が困るのは現地政府の責任で、私たちには関係ありません」

事業現場にはＪＩＣＡ職員はおらず、コンサルタント企業や省庁から派遣されたり、個人で契約を結んでいる専門家しかいない。ＪＩＣＡ職員は首都の事務所で忙しい。

専門家が現場で得た貴重な情報は、せいぜい報告書に数行記載される程度で、事業全体にフィードバックする機会はまずない。すぐに対応できれば、わずかな金額で大きな効果が得られるのに、見過ごされてしまう。多くの税金を使って行う事業にもかかわらず、日本側も相手国側も貴重な機会を活用できない。きわめて残念である。ところが、「せっかくの現場の情報を事業に有効に生かせないのはもったいない」と思うのは、ＮＧＯでの活動が長い私の「偏った意見」らしい。

現地住民とほとんど交わらず、いっしょに食事もせず、技術指導だけして帰国する専門家も少なくない。本来業務の技術指導はもちろん重要だが、現場で住民との関係をつくり、深めていくことも、同じように大事である。

また、ＪＩＣＡ職員が多忙なのはよく理解しているが、ＪＩＣＡの目標、方向、そして自らの将来などについて熱く語る職員には、残念ながらなかなか出会えない。「日本の国際協力はこうあるべきで、ＪＩＣＡはこうする」と自分の身体を張ってでも発言する職員は、緒方貞子理事長を除けば、あまり出会ったことはない。

「それは理事長のお仕事です。職員は日常業務をこなせばいいのです」では、理事長もあまりに大変だろう。すべての職員が自らの組織のあり方と自らの意見を語れなければ、海外での日本全体の評価にもかかわる。国際協力活動、ODAの実施機関としての立場を国内外に説明・主張していかなければ、国際社会において無視されてしまう。

相手国政府職員との会食はじめあらゆる機会を捉えて、人間の安全保障、キャパシティ・ディベロップメント、ミレニアム開発目標などを説明し、いっしょに協力していこうと情熱をこめて語りかけ、理解と信頼を得る不断の努力をするのが、望ましい姿である。あたりさわりのない話を相手国政府職員や現地の国際社会の人びととするだけなら、誰でもできる。

なお、人間の安全保障は、人びとを貧困や紛争、災害などの脅威から守り、一人ひとりの人間が可能性を実現する機会と選択を手にし、自ら驚異に対処できるようになること、キャパシティ・ディベロップメントは、個人・組織・社会が期待される役割を果たし、問題を解決し、目標を設定して、それを達成する自立発展的な能力を獲得し、高め、維持していく過程、ミレニアム開発目標は、二〇一五年までに国際社会が達成すべき①極度の貧困と飢餓の撲滅、②普遍的初等教育の達成、③ジェンダーの平等の推進と女性の地位向上、④幼児死亡率の削減、⑤妊産婦の健康の改善、⑥HIV／エイズ、マラリアその他疾病の蔓延防止、⑦環境の持続可能性の確保、⑧開発のためのグローバル・パートナーシップの推進を意味する。

大きな視点からＪＩＣＡの業務を位置づけて、自分の意見を言い、ＮＧＯとの協力についても考えてほしい。一九九〇年代なかば以降、ＮＧＯと外務省、ＪＩＣＡ、ＪＢＩＣとの会合が開かれ、さまざまな課題を粘り強く協議する努力が続いている。それらに出席してみると、ＪＩＣＡとＪＢＩＣの職員の体質の違いが感じられる。上司が出席していたら部下は黙して語らずというのがＪＩＣＡで、上司がいてもそれなりに自分の意見を言うのがＪＢＩＣであった。願わくば、新ＪＩＣＡになってからも、旧ＪＢＩＣのように出席者がそれぞれ活発に意見を出してほしい。

それにしても、なぜ機材調達を原則として全部ＪＩＣＡがやらなければならないのだろうか。部外者には、ＯＤＡの調達を専門に行なっている関連団体の(財)日本国際協力システム(ＪＩＣＳ)とＪＩＣＡとの業務分担はわからないが、「手続きに時間がかかっています」と言われれば、「そうですか」と何カ月でも待つしかない。少しでも早く調達できるように協力したくても、できない仕組みになっている。

現地調達と本邦調達(日本での調達)を比較して、一円でも安ければ本邦調達となる。その場合、ますます機材の現場到着が遅くなる。民間企業なら「時はカネなり」で、多少コストがかかっても、所要時間と費用を比較検討して事業を進めていく。しかし、ＪＩＣＡでは一円でも安いかどうかだけが重視され、調達にいくら時間がかかってもあまり問題にならないようだ。

道路事情が悪いので、BAJは建設資材の日干しレンガを船で運んだ。NGOは時間も費用も大切にしつつ、現地住民のことを最優先で考える

重要機材の調達が大幅に遅れて事業に悪影響を与えたら厳しく責任を問われるのが当たり前の民間企業とは、大きな違いである。

多くの仕事をかかえて忙しいＪＩＣＡ職員がいちいち調達するよりも、一定のルールのもとで開発コンサルタント企業やＮＧＯが調達するほうが、よほど早くて安いのではないだろうか。説明責任と透明性を義務づけておけば、事実関係は明らかになるので、「悪さ」は続けられない。また、専門家派遣と機材の到着時期を調整して事業が行えるから、全体のコストパフォーマンスも引き上げられるだろう。また、原則的に事業委託先でも調達できるようにしたほうが効率的で、事業コストを削減できると思う。

世界中のさまざまな組織を相手にしてきた国際機関も、多くの苦労を重ねた末、現在のようにNGOを重視するに至っている。数年おきにODA疑惑が明るみに出る以上、JICA職員と開発コンサルタント企業社員のモラルとJICAの規則だけに依拠していては、改革はむずかしい。そうした現実の認識から、将来の改善策が生まれるだろう。

4　NGOの自浄能力と存在意義

もし、前述したような不祥事がNGOで起こったら、どうなるだろうか?

二一世紀に入って、アフリカ教育基金の会やカラモジアなどが解散した。NGOが公的資金や会員・支援者の資金をごまかしたり、別の用途に無断で流用したりすれば、組織の存続にかかわる問題となり、遅かれ早かれ消滅せざるを得ない。

まず、会費の納入者や寄付者が急速に減って、たちまち資金難に陥るからだ。公的資金を中心にしているNGOでも、必ず自己資金は必要なので、会費と寄付がなければ組織は存続できない。

同時に、人材が集まらなくなるからだ。ただでさえ、給料の安いNGOで働こうという人間はまだまだ多くはない。若い人は比較的増えてきたが、社会経験をもち、英語がある程度しゃべれて、一定の業務を任せられる三〇代や四〇代は少ない。結婚、子育て、老親の介護など、自身の将来とNGOの低収入に悩んで、やむをえず転職の道を選ぶスタッフも少なくない。まして、疑惑のあるNGOに来る人間はいない。

だからこそ、NGOは金銭面や活動のあり方に細心の注意を払っている。疑惑を招くようなことが起こりそうになれば、内部から自浄能力が働く。

一九九八年に特定非営利活動促進法（NPO法）が制定されて以降、NPO法人は増え続け、二〇〇九年三月現在、認証されたNPO法人は三万七一九八にものぼる。そのうち約二〇％が国際協力を目的に掲げている。いろいろな背景や志をもった団体が次々と生まれてきた。

そうしたなかで、各NGOはお互いに切磋琢磨し、奮闘している。海外の現場に行けば、そこで活動する海外NGOとも競わねばならない。ぼんやりしていたのでは、組織の存続もおぼつかない。だから、必死に資金を集めて活動を充実させていこうとする。談合などにかまけている時間などないのだ。

まっとうな理念と、それに沿った魅力的な活動が展開できなければ、NGOは生き抜いていけない。国際協力NGOであれば、現地の地域社会に役立つ活動をするとともに、それを日本の支援者や日本社会にフィードバックしていく必要がある。

現場のスタッフには、住民との対話、事業管理、経理・会計、人事などの通常業務に加えて、流動的な状況に対応する創意工夫が絶えず求められる。現地の地域社会にもスタッフ自身にも、さらには日本社会にとっても何らかの新たな発見や発展がなければ、存在意義が明確にならない。日本の本部事務所で海外事業を支えるスタッフもまた、国内での活動やネットワークづくりに同様な創意工夫が求められる。

そしてNGOは、目的に沿っていれば、どんな活動でも展開できる。制限はない。新しいアイディアや誰もやったことがない事業にも挑戦できる。

このようにNGOは、不祥事への対応、厳しい競争、活動の中身という三点で、営利を求める開発コンサルタント企業やODA実施機関であるJICAとは大きく違う。そこがNGOの魅力でもある。

5　根本的なODA改革への道

数年おきのODA疑惑発覚に関して言えば、営利企業の知恵をしぼった「悪さ」を、ODAが始まった一九五四年から五〇年以上が経っても克服できなかったということだろう(JICAの設立は七四年)。規則を細かくしても、競争入札にしても、以前より減ったとはいえ談合はなくならないし、途上国の政府高官への賄賂も存在する。結局は、営利企業の参入方法の改善では限界がある。では、どうしたらよいか。

日本のＮＧＯの力量は、まだ発展途上だ。それを十分に承知したうえで、ＪＩＣＡは現在のような営利を求める開発コンサルタント企業を中心に業務を委託するのではなく、非営利団体をおもなパートナーにする方向に徐々に移行していくのがよいと、私は考えている。

国際機関のほとんどは、基本的には非営利団体をパートナーとしつつ、営利企業もうまく使ってきた。ＵＮＨＣＲは三〇〇以上のＮＧＯと組んで事業を展開しており、ＢＡＪを含む日本のＮＧＯも数多く参加している(たとえば、ピースウィンズ・ジャパン、ジェン、シャンティ国際ボランティア会)。ＮＧＯの場合はすでに述べたように、不祥事が起きれば組織の存立をゆるがす。透明性や説明責任は、他者から言われるまでもなく、自明の重要課題である。細かな規則でしばりつけなくても、「悪さ」など行うメリットはない。

新しいＪＩＣＡでは、関連団体まで含めると数千人が業務についている。多忙な職員は、かゆいところに手が届くように実質的な業務を担ってくれる開発コンサルタント企業の職員がいなくなれば大変だし、うるさくて議論に時間がかかるＮＧＯといっしょに仕事するのは気が進まないかもしれない。しかし、基本構造を変えずに規則の手直しで乗り切るだけでは、数年後に再びＯＤＡ疑惑が報道される可能性は少なくない。

営利企業は、自らの利益のためには熱心に研究し、あらゆる工夫をする。民間企業の勤務経験がないＪＩＣＡ職員の上をいく方策を考え出すのは、それほどむずかしくないだろう。五〇年間繰り返されてきたのだから、構造的な変革なしに事態は変わらない。既得権益の壁は時間が経つほど大きくなっていくのが世の常である。細かい規則と、ＪＩＣＡや開発コンサルタント企業の職員の個人の良心に依存する改善では、「悪さ」はなくならない。非営利団体中心に事業を行うような構造的な変革をしないかぎり、疑惑や談合から脱出できないと私は考える。

ＢＡＪは設立一年足らずでＵＮＨＣＲからマウンドーでの事業を任せられたおかげで、大きく成長できた。当初は苦労が多かったし、ＵＮＨＣＲも大変だっただろう。それでも、現場のＵＮＨＣＲ事務所と相談しながら、なんとか乗り切っていった。実績がなかった私たちによく任せてくれたと、いまでもＵＮＨＣＲに感謝している。

それまで年間数百万円の予算規模だったＢＡＪは、一気に六〇〇〇万円規模の事業を行い、一九九九年には年間二億円を超えた。ＵＮＨＣＲの思い切った決断と支援がなければ、現在のＢＡＪはなかったと言ってもよい。担当者と何度も論争しながら、成長させてもらったのである。そして、ＪＩＣＡの開発パートナー事業、外務省の日本ＮＧＯ連携無償資金協力、ＪＢＩＣの提案型調査などでさまざまな資金援助を受けながら、鍛えられていった。

いまでは、当時のＢＡＪよりはるかに力のあるＮＧＯが、日本にはたくさんある。まだ力量に乏しいＮＧＯでも、条件さえあれば成長できる。そうした条件を整えるために、外務省やＪＩＣＡはＮＧＯ向けの資金協力を実施してきた。ＢＡＪがかつてＵＮＨＣＲから受けたような思い切った事業委託が増えていけば、ＮＧＯの力量はきっと増していくだろう。

ここで、ＮＧＯ向けのＯＤＡ制度をどう改善していけば、ＮＧＯが事業をより行いやすくなるのかに関して、四点を提起しておきたい。

第一は、人件費の負担についてである。たとえば、ＪＩＣＡの草の根技術協力事業(草の根パートナー型)におけるＮＧＯスタッフの人件費の上限は月額二三万円である。「ＪＩＣＡもＮＧＯもお金を出す相互協力の制度である」というのが、人件費が少ない理由だ。しかし、円滑な相互協力のためには、ＮＧＯ側の潤沢な自己資金と、多くの社会経験ゆたかで力量あるスタッフの存在が前提となる。日本は、まだその段階にはない。

他方、一般の技術協力や無償資金協力では、専門家の人件費は多くの場合、月額二三万円以上である。開発コンサルタントには、人件費の一・八倍の技術料が支払われるときもあるという。ＮＧＯ向けの事業とは大きく異なっているのだ。

＊草の根パートナー型の人件費が低すぎるため人材確保がむずかしいという意見が多かったが、二〇〇九年度から、年齢に応じて、月額二五万八〇〇〇円〜三九万円に改められた。新石はさまざまな機会にこの問題を指摘していた。満足とは言えないが、一定の成果を得たといえるだろう(根本悦子)。

第二は、外務省やＪＩＣＡなどの職員がＮＧＯについての理解を深めていくことである。たしかに、ＮＧＯとの定期協議会の開催やいっしょに仕事する機会の増加で、相互理解は以前より進みつつあると言えるだろう。しかし、国際機関や欧米のＯＤＡ機関のような、スタッフの「回転ドア」の様相とはほど遠い。

「回転ドア」とは、同じ人間が、あるときは外務省職員、あるときはＯＤＡ機関職員、またあるときはＮＧＯスタッフと、さまざまな立場で登場する状況を指す表現である。多くの欧米諸国では、政府、ＯＤＡ機関、ＮＧＯがお互いの業務や立場をよく理解しており、現地で短時間で中身の濃い打ち合わせができる。残念ながら、日本の場合は、そうではない。最近では、国際機関やＮＧＯで活動した後にＪＩＣＡの専門家として働く人間も、少しずつ増えてきた。大企業からの期限付き出向者や青年海外協力隊出身者もいる。しかし、外務省やＪＩＣＡの職員がＮＧＯに転職する可能性はきわめて低い。

「回転ドア」が無理とすれば、せめて期間を区切ったインターンや大企業では一般的な出向を相互に行う必要がある。外務省は以前から、短期間ではあるがＮＧＯへのインターン研修を実施している。ＮＧＯスタッフが外務省に研修に行くケースも見られるようになった。しかし、ＪＩＣＡの場合はいまだに行なっていない。

開発コンサルタントはＪＩＣＡの諸規則に通じている。一方でＮＧＯスタッフにはＪＩＣＡ

の諸規定の説明から始めなければならないし、質問や文句も多いから、ＪＩＣＡの職員にしてみれば面倒くさいと感じるのだろう。だが、ＮＧＯは多くの人びとからの支援を受けて活動し、ＪＩＣＡとの事業だけで存在しているわけではないからこそ、一般社会に近い視点で率直な考え方を表明できるということを、忘れてはならない。

第三は、ＮＧＯの独自性の正当な評価である。ＪＩＣＡから次のような意見をよく聞いた。

「日本のＮＧＯはもっと力をつけ、技術協力やプロジェクトの準備段階から参加できる提案型技術協力などに応募して、コンサル並みに稼げばいい。また、専門家の人件費算定基準は、たしかに草の根技術協力の場合と大きく違う。でも、ＪＩＣＡは専門家を一定期間いわばまるごと買い上げ、ＪＩＣＡの仕事に専念してもらうのだから、それに見合った報酬を支払っているのだ」

しかし、専門家は本当にＪＩＣＡの立場を貫いて業務についているのだろうか。彼らの多くは開発コンサルタント企業の社員でもある。だから、ＪＩＣＡ担当者に嫌われないように気をつかい、問題になることは言わない。すでに述べたが、文書に書いていない事業は一切しないから、ＪＩＣＡ職員を煩わすこともない。だが同時に、自らの専門の範囲に専念し、ＪＩＣＡの理念や事業については語らない。そうした専門家が日本を代表して相手国の政府機関職員や場合によっては現地の国際社会と対峙しているとすれば、少し寂しい。

現場で相手国の職員や人びとと交流を深め、ＪＩＣＡの立場もきちんと説明しつつ、専門家として技術指導も行うのが、「一定期間まるごと買い上げる」本来の意味ではないだろうか。文書に書いてあることしかやらず、ＪＩＣＡ職員には一切の文句を言わないから、報酬が高いのではないはずだと思ったりするのは、私だけの少数意見かもしれないが……。

現在の開発コンサルタント企業の方法を前提とすれば、ＮＧＯが同列に加わることはむずかしい。ＪＩＣＡの組織や規則の細部まで知り尽くし、三五年もノウハウを蓄積してきた彼らと同じように仕事しろと言われても、無理である。そもそも、彼らと同様な業務を行うのであれば、ＮＧＯがかかわる必要はない。もしそうするのであれば、ＮＧＯが新たな開発コンサルタント企業を設立するほうがすっきりしている。

第四は、ＮＧＯのよさがＪＩＣＡの事業に生かせるように、ＮＧＯ向けのスキームを資金的にも内容的にも充実させることである。そうなれば、ＮＧＯの力もついていく。これまでの開発コンサルタント企業とＪＩＣＡとの関係の問題点は、すでに明らかだ。目下の財政状況では、ＯＤＡの支出の中身が厳しく問われるのも、いうまでもない。だからこそ、ＮＧＯが技術協力、無償資金協力、円借款などのＯＤＡ事業の中心部分に自らのポリシーを保ちつつ協力できるシステムの検討が望まれる。

ＪＩＣＡと開発コンサルタント企業の関係をそのままにして、ＮＧＯが新たな格安コンサルタント機関としてODA業務にかかわる必要はない。NGOは、非営利であり、民間であり、人びとの税金を国際協力のために正当に使うという視点をもつ納税者の代表でもある。それらの特徴を生かしたうえでのODAへの参加・協力でなければ、意義はない。そして、活動現場に即して柔軟な解決策を創意工夫し、日本社会にその成果を返していかなければならない。

仮に、NGOが格安コンサルタント機関としての役割しか期待されないのであれば、ODA事業への関与はほどほどにして、国際機関との連携や民間資金による活動を充実していくほうが、賢明な選択となるだろう。

第8章

NGOが未来を開く

完成した井戸の周囲で水浴びをする子どもたち（南東部のタイ国境地域）

1　活動の深化

一九九九年からマウンドーで開始した女性の自立支援をめざした裁縫技術訓練コースに、二〇〇三年から識字教育や簡単な算数の勉強などが加わる(一一七ページ参照)。裁縫製品を売るときに必要になるからである。

二〇〇五年八月からは、裁縫技術訓練と「家族の健康と情報交流コース」を統合した「生活改善トレーニングコース」に加え、コミュニティ全体で女性を取り巻く環境について考えてもらおうと、「女性の活動を理解するための男性対象のワークショップ」を新たに開始。これらを「ムーンライトプロジェクト」と名づけ、裁縫製品の販売促進による「収入向上支援活動」とともに、「コミュニティ社会開発事業」の一環として位置づけた(**図2**参照)。ムーンライトは、中心的な役割を担う機会が少ない女性たちにも光が当たるようにという願いからつけた愛称だ。このプロジェクトを多くの地域で広げようとしている。

生活改善トレーニングコースは、BAJの女性スタッフが三カ月間村に泊まり込んで、イスラムの祝日・金曜日を除く毎日、八時半から一六時半まで実技を行い、講義を受ける、画期的な試みである。内容は、①裁縫技術の訓練(手縫い)、②識字教育(ミャンマー語)と簡単な算数、

図2　ラカイン州北部でBAJが行なってきたコミュニティ社会開発事業

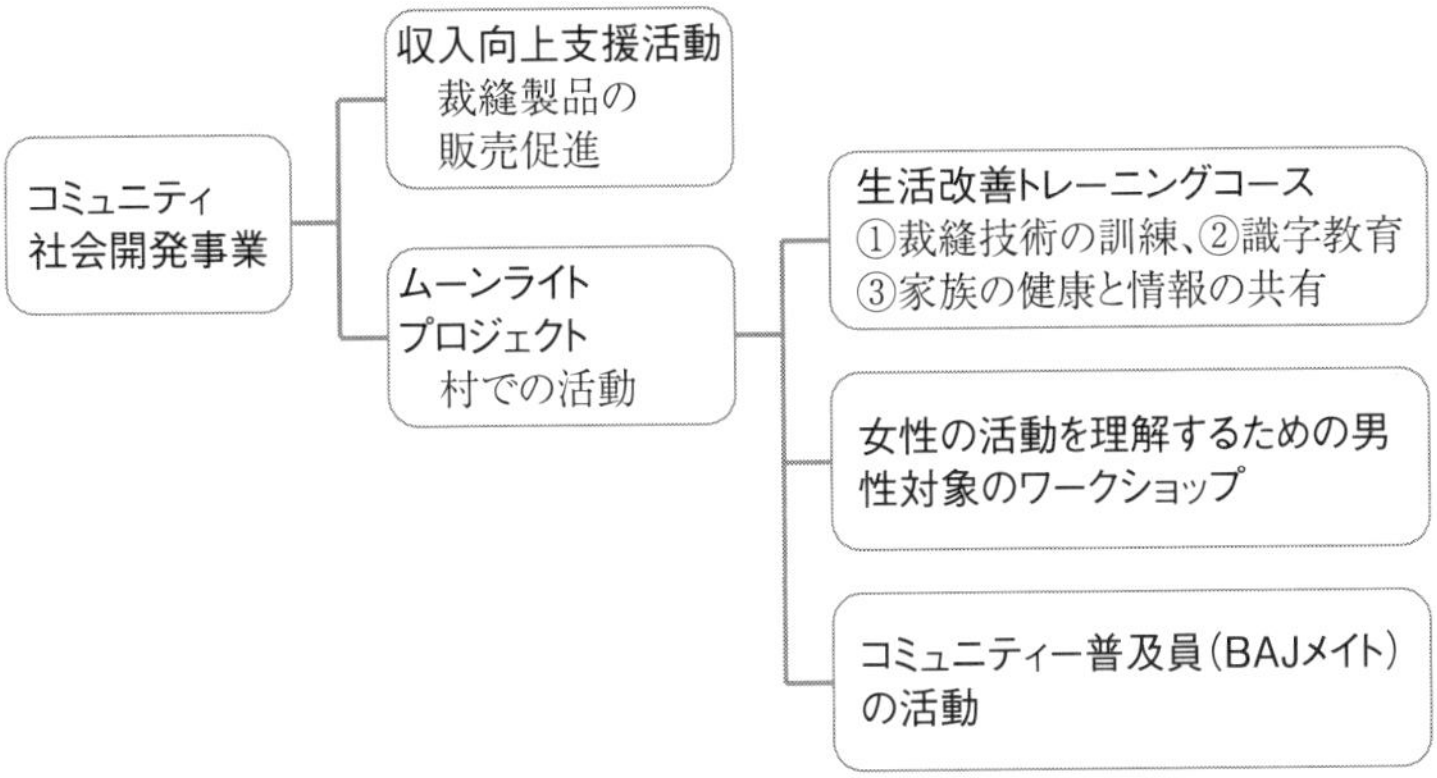

③保健・衛生教育（家族の健康と情報交流）の三つ。二〇〇五年から〇八年五月までにのべ五五カ村で実施し、受講した女性は一四八〇人にのぼる。そのなかから、とくに熱心で優秀な女性を「ＢＡＪメイト」（コミュニティ普及員）に選び、彼女たちが身につけた知識を村に普及していく。

　裁縫技術では、基本的なステッチや刺繍に加えて、簡単にできる枕カバーや子ども服、なかでもイスラム教徒の女性が身に付けるブルカ（ベール）やスカーフに刺繍をした作品が好評のようだ。参加者は家族の服を縫って家計を助け、他の村人から注文を受けて収入の向上にもつなげている。

　識字教育では、ミャンマー語の読み書きと基本的な算数を学ぶ。参加女性の多くは、学校へ行く機会がなかったり、すぐに辞めたりしている。そのため、自分の名前が書けずに騙されるなど、さまざまな不利な目にあってきた。終了時には、ほとんどが自分や家族の名前を書けるようになる。

保健・衛生教育はとりわけ重視している。村の一般的な家にはトイレがない。また、床もない土間の生活なので、雨期の後半には室内が水浸しになる。そのため、毎年コレラ、天然痘、赤痢などが流行して、子どもや老人が亡くなるからである。私たちはイスラム教徒の生活や文化を変えようなどとは考えていないが、トイレの利用や手を洗う習慣を教えて、少しでも伝染病を防ぎたい。ヨーロッパの複数の医療系NGOが保健・衛生活動を行なっているが、圧倒的な貧困のなかで状況は改善されていない。

トイレを使うのは一種の文化である。村人はトイレを使った経験がない。水浴びの習慣はあるが、石けんを使って身体や髪を洗う習慣もない。私たちが村人に働きかけなければ、トイレは造られないし、石けんも使われないだろう。そこで、学校や宗教施設など広い場所の提供を受け、村人を集めてワークショップを開く。あらかじめデモンストレーション用のトイレや井戸を設置し、実物を見せる。次に「トイレの後や食事の前に手を洗いましょう」といった内容の歌や踊りを交えながら、なぜトイレを使うほうがいいのか、使い方、身体を清潔に保つことの大切さ、身体の洗い方を指導する。指導するのは、ＢＡＪメイトたちだ。

男性対象のワークショップの目的は、イスラム教徒の男性に、女性への教育の大切さを理解してもらうことだ。第5章で述べたように、ＢＡＪが女性を対象にした活動を始めようとしたとき、参加者を集めるのに非常に苦労した。女性が参加できるためには、宗教指導者や長老だけでなく、父親や夫など男性家族の理解や協力が欠かせない。現在では、なくてはならないプログラムの一つになった。

ワークショップは三回行う。村人が集まりやすい場所と曜日を設定し、なるべく多くが参加できるようにしている。最初は、村長、モーラビー、学校の先生など村のリーダーシップを握る男性を集め、ワークショップの意義を議論する。次に、参加した男性の家族がかかえる課題と解決法について話し合う。最後に、実際に村人に何ができるのか、村全体で取り組めることは何かについて考える。

この三回をとおして、村の開発に対するモチベーションが高まり、積極的に意見を出せるように工夫してきた。現在では、生活改善トレーニングコースの実施に理解を示したり助言する男性や、活動の場所を提供する男性も生まれている。コースの受講を希望する女性が増えた村もある。

二〇〇九年には、ブティダウンへもこれらの活動を広げた。同時に、BAJメイトによる活動をより効果的にするため、彼女たちの家の近くに住む女性を対象に「ムーンライトステーション活動」を開始している。これはBAJメイトの家＝ムーンライトステーションを拠点に、コミュニティサイズのミニ生活改善を進めていくもので、とくに保健・衛生知識について地域への浸透をより図る目的がある。

時間とコストをかけた裁縫技術訓練コースは、裁縫技術を起点とした女性の能力開発の場となり、多くの人材を育て、マウンドーのコミュニティ開発へ大きな一石を投じた。そして、ムーンライトプロジェクトが広がったのは、ＢＡＪが住民参加型の学校や橋の建設を積み重ねてきた成果である。それらの活動がなければ、よそ者である私たちが地域社会にとけこんではいけなかっただろう。

実は、当初マウンドー駐在の大津夫妻から、「村に泊まり込んで研修を実施したい」と言われたとき、私は大反対だった。たしかに、村で行わなければ女性は参加できない。また、道路状況や車両台数の制限から、スタッフが毎日通うのはむずかしい。泊まり込むしかないというのは、正しい判断ではある。事実、マウンドーから離れた村で学校を建設する際に男性スタッフ数名が泊まり込むのは、珍しくない。

しかし、村人と話し合ったうえで学校建設を始めたにもかかわらず、深夜にたくさんの村人が押しかけてきて、建設資材を強奪されるという事件が、以前にあった。さらに、女性スタッフが村の役人に暴行されたり、建設現場で女性作業員が暴行されたりという事件も起きた。だから、技術センターから車で何時間もかかる村に若い女性たちばかりが泊まり込むのは、心配でならなかったのだ。しかも、異教徒の仏教徒もいる。

それでも、大津夫妻の熱意に押されて、マウンドーの南に位置するインディン村での泊まり込みを二〇〇三年に了解した。国境出入国管理本部の許可を得る一方で、連絡体制を密にし、可能なかぎりの車両を手配。近くの橋の建設現場のスタッフには、頻繁に様子を見に行くように指示した。BAJマウンドー事務所の総力をあげた支援体制を取ったのである。

女性たちは研修で得た知識に自信をもち、変化していく。彼女たちは当初、「研修を受けて、どうですか?」と質問されても、ただモジモジして笑っていた。この地域のイスラム教徒の女性は、これまでに他人から意見を求められたり、自分の考えを述べたりする経験がなかったからである。ところが、一年後には自分の意見を堂々と述べるようになった。

二〇〇六年に生活改善トレーニングコースに参加したタピタ村のラズマさん(二一歳)は、私たちにこう報告した。

「私の父は、私たちの神(アラー)は人びとを助けるためにBAJを創ったと言いました」

BAJの活動をそのように受けとめる村人が現れたというのは、心からうれしいと同時に、身が引きしまる思いだ。今後も、村人たちの信頼に応えていきたい。

現在もコミュニティ社会開発事業は、日本の企業や民間団体の支援(一五六〜一五八ページ**表4**参照)をいただいて、継続している。参加する女性は毎年数百名ずつ増え、ミャンマー人スタッフやBAJメイトは自信をもち始めた。閉鎖的な地域でイスラム教徒の女性たちが力をつけ、自分の村だけでなく他の村の女性のための活動も担う人材が育ちつつあることは、ＢＡＪにとっての大きな励みだ。

中央乾燥地域でも、一九九九年以来の活動を通じて、地域住民との連携が進んできた。なかでも積極的に取り組んだのは、村の水管理委員会の育成である。水管理委員会はＢＡＪが井戸を掘る際の村側の窓口となる組織で、村長をはじめ学校の先生などコミュニティのリーダーが参加している。ＢＡＪのスタッフが作業する期間は、水管理委員会が食事や砂利など必要な資材を手配する。井戸の完成後は、維持・管理や運営の担当者を選び、水の値段を決める。いまでは、上手に運営して、貯めた資金で学校を建てる村も出てきた。

また、各地の水管理委員会のメンバーを集めて情報交流会を開き、運営のノウハウを伝えている。村のポンプ操作者（エンジンオペレーター）を対象に、揚水ポンプ駆動エンジンを修理するための技術研修も行なってきた。

二〇〇八年には、各地のポンプ操作者から希望者を募り、一二名からなるローカルメンテナンスチームを再結成した。二〇〇三年の結成時は、明確な目標設定がなく、広範囲から集まってくるメンバーに対するケアも足りなかったと思う。しかし、ＢＡＪに舞い込む修繕の要請は年々増えてきているため、再結成したのである。将来を考えると、簡単な工事は村人たちで行えるようにしておきたい。注目すべきは、ローカルメンテナンスチームの活動を見た村の青年たちが自分たちにも井戸の修繕ができると考えて、メンバー入りを希望するようになったことだ。こうした力をどうすればより大きく育てられるかが、今後のＢＡＪの課題である。

さらに、日本との交流もさまざまなレベルで進んできた。井戸掘削の資金援助をいただいているワタベウェディングやＴＯＴＯなどの企業やロータリークラブ、交流したり物品寄付をいただいている小・中学校や専門学校の児童・生徒たち、そして多くの個人が水問題の支援から始まって、ミャンマーという国に興味や関心をもち始めている。今後の展開がとても楽しみだ。

現地での活動を担うミャンマー人スタッフは当初、誰もが黙って座っているだけで、指示されなければ何もしなかった。しかし、いまでは勤続六年の表彰者（表彰をしようと思ったのが、六年目だった）も増えて、ＢＡＪの意義と自らの役割を理解して積極的に動く。地域住民との話し合いでも、地方政府との打ち合わせでも、彼らが重要な役割を果たしている。事業責任者である日本人のプログラム・マネージャーのよき相談相手でもある。

現地の状況を理解したミャンマー人が、ＮＧＯ活動を通じて積極的に地域の将来を考えていくようになれば、日本人には日本の経験を伝えて有効に活用してもらうために広い視野に立ったアドバイスが求められる。ミャンマー人と日本人が協力して互いにアイディアを出していければ、一番いい。

二〇〇八年五月にミャンマー南部のデルタ地帯を襲ったサイクロンの際は、ＢＡＪにミャンマー政府から活動要請があったが、被災地への外国人の立ち入りは認められなかった。そこで、ミャンマー人スタッフが出向き、被災住民や地方政府と打ち合わせし、ヤンゴン事務所の日本人スタッフと相談しながら、災者の緊急支援活動に取り組んだ。

低所得者層が多いヤンゴン管区のラインタヤー地区でまず飲料水を配布。その後は現地のニーズに合わせて、ろうそく、石けん、防水シート、食用油など配る品物を増やしていった。さらに、ＢＡＪの技術を生かした支援として、六月に始まる小・中学校の始業に間に合わせるように校舎の修復・再建に取り組む。二〇〇九年四月現在で三一校の修復と再建を行なった。水をかぶった耕耘機のエンジン修理を行う「モバイル・ワークショップ」も七月から開始し、修理したエンジンはのべ一四八台、トラクターは二四台にのぼる。ミャンマー人の元スタッフもヤンゴン事務所に駆けつけて、大きな力を発揮してくれた。

2　人材育成の課題

現地スタッフを雇用する場合、能力のある人間をヤンゴンなどの都市部から雇うか、発展途上の地元の若い人間を育てていくかは、簡単には決められない頭の痛い問題だ。高給で優遇し、期間限定で仕事ができる人間が加わったとしても、彼らがＢＡＪの将来の中核になるとは限らない。できることなら地元の若者を育てていきたい。だが、期限内にやらなくてはいけない業務は多く、予算にも限りがある。支払い可能な給与と行わねばならない業務の狭間で、各事務所の日本人プログラム・マネージャーはいつも厳しい選択を迫られる。

また、ミャンマー政府は一九八八年から二〇〇〇年七月まで、数回にわたり総合大学の全面閉鎖を行なってきた。このため大学教員が海外に流出し、八八年以前に大学教育を受けた人びととそれ以降の大学教育を受けていない人びととの学力の差は歴然としている。若い世代が基本的な学力を身につけられないまま二〇年が過ぎてしまった事態は、深刻である。一人ひとりの将来だけでなく、国の全体的な力にも影響する。

村人たちに対する技術訓練や井戸掘りのような活動は、日本の資金提供者から評価され、事業資金が継続される場合が多い。これに対して現地スタッフの力量をアップさせるための研修は、乏しい財源をやりくりしながら行うしかない。しかし、ＮＧＯ活動の最大の理解者であり同志である現地スタッフの強化・育成は、将来に向けてきわめて大切だ。

ＢＡＪでは二〇〇八年一月、ミャンマー人スタッフ二名に、日本とタイでの研修を実施した。日本では、高知県土佐清水市の村落インフラや自主防災活動グループと交流するなど、地方自治体を見てまわり、各地で活動している人びとに出会った。それをとおして日本の課題や困難を知るとともに、ミャンマーでの今後の活動について考える大きなきっかけになったはずである。タイで行なったのは、ミャンマーと社会環境が似ているからだ。こうした現地スタッフの海外研修は、継続していきたい。そして、より広い視野をもって地域の将来を考える人材が育ってほしいと願っている。

自分たちの頭で考え、生活と資金をやりくりして活動していくのが、ＢＡＪの基本方針である。決して簡単ではないが、現地スタッフは、日本からの資金や人材だけに頼らず、少しずつ自助・自立をめざしてほしい。当初の雇用・被雇用という関係ではなく、地域の将来と日本人との協力のあり方をともに考えていけるように、努力を重ねていきたい。

現地スタッフが日々の業務や研修によって力をつけ、活動の核に育ったあかつきには、私たち日本人スタッフと対等な立場で協力しあう新たな段階を迎えることになる。現地スタッフの力量アップは、これからのＢＡＪを左右する大切な課題である。**表7**に、二〇〇九年五月末現在の各事務所のスタッフ数やおもな活動内容などを整理した。

すでに述べたように、ミャンマーの辺境地域では働くところ自体が少ない。なかでも、海外の情報に接したり地域の人びとのために働いたりできる職場は、国際機関と海外ＮＧＯ以外にはない。ＢＡＪは、現地の青年たちに、そうしたところで働く喜びと自らの力量を高める機会を提供できる数少ない存在でもある。

表7　各事務所のスタッフ数・活動内容・開設年

所在地		スタッフ数			おもな活動内容	開設年
		日本人	現地	その他		
東京		7		1（インターン）	資金調達・支援者拡大・対外折衝・会計	1993
ミャンマー	マウンドー	1	70	2（ヘルパー）	事業実施、対外折衝、会計	1995
ミャンマー	シトウェ	0	5	1（ボランティア）	事業実施、物資調達	1995
ミャンマー	ヤンゴン	2	13		対外折衝、資金調達、管理	1997
ミャンマー	チャウパドン	1	30		事業実施、対外折衝、会計	1999
ミャンマー	モーラミャイン	0	10		事業実施、対外折衝、会計	2004
ミャンマー	ベイク	0	7		事業実施、会計	2004
ミャンマー	トングー	0	4		事業実施	2004
ミャンマー	モーラミャインジュン	0	15		事業実施、対外折衝、会計	2008
ベトナム	ホーチミン	2	3		事業実施、対外折衝、会計	2002
ベトナム	フエ	0	2		事業実施	2004

(注)このほか、ベトナムのクイニョンに3人の活動補助員を配置している。

ミャンマー国内では、政府当局の許可がないかぎり、たとえ数人でも集会は開けない。だから、国内のグループが活動するのはとてもむずかしい。海外NGOは、政府に許可された非常に限定的な範囲ではあるが、ミャンマー国内の開発や教育に取り組み、その解決に向かって努力できる。そして、そこで働くミャンマー人に、自分たちの国や地域の問題に取り組む機会を提供している。それはミャンマーで活動する海外NGOが果たす、もう一つの重要な役割といってよい。

3 軍事政権・日本大使館とどう向き合うのか

BAJはUNHCRに要請されて、二〇〇四年六月から南東部のタイ国境地域(カレン州タンダウン地区、モン州、タニンダリー管区)の生活用水供給事業にも協力している。

この地域は雨期に五〇〇〇ミリの雨量を記録するときもあるが、安全な水の確保がむずかしく、三～五月の乾期には水源が涸れてしまう。カレン族が多く住み、政府軍と長年にわたって紛争を繰り返してきたが、一九八二年の激戦後にタイ領内に難民となって流出。タイ政府がメーソートなど数カ所の難民キャンプで彼らを受け入れてきた。そして、約二〇年が経った二〇〇三年ごろに難民を帰還させる動きが起こる。UNHCRはいち早く難民帰還準備を開始した

タイ国境地域での井戸掘削作業。中央乾燥地域より浅くても水を得られる

が、ミャンマー政府は公式には認めていない。

　ＢＡＪは、少数民族（おもにカレン族で、キリスト教徒が多い）の各村に毎年四〇～五〇の井戸を掘ってきた。ただし、日本人スタッフの立ち入りは前もって許可をとらなくてはならず、日数も限られるなど厳しく制限されているため、現地スタッフが事業を継続している。そうした際に、マウンドーや中央乾燥地域での活動を知っているミャンマー政府関係者に出会うと、活動がスムーズに行える。

　サイクロン被災者の緊急支援の場合は、政府の規制があるほか、国際機関や他団体との調整も必要で、ＢＡＪが自由に何でもできるわけではなかった。とは

BAJがタイ国境地域に設置した井戸を地方行政官と保健師が視察に来た

いえ、いろいろな制限があるなかで活動を続けてきた経験から、ミャンマーで何ができるか、どうすればいいかは、現在ある程度までわかっている。

海外のNGOは、現地政府によるさまざまな規制や制限に従わねばならない立場にある。ミャンマーでは、日本人に対して親近感をもつ地方行政や中央政府出先機関の職員も多い。しかし、外国人への警戒感や、何事も上部の意向に従わねばならない体制と硬直した官僚主義のために、率直な話し合いはむずかしい。会って話す機会をつくるだけでも、簡単ではない。それでも、何度も話し合いを重ねるなかで、BAJの活動を多少は理解してもらえるようになりつつある。

ＢＡＪがミャンマー政府側に説明するのは、団体の性格と目的、現地での活動内容と成果である。私たちの活動が本当に地域社会のためになっていれば、軍人を含めてミャンマーの将来を考えている人びとにはきっと理解してもらえるという確信をもって諦めずに話し、助言や協力を求めてきた。ＮＧＯが政府関係者に取りうる基本的な態度は、これしかない。

ＢＡＪの活動を紹介し、意見交換を深めていけば、ミャンマーの将来にきっとプラスになると、私たちは思っている。いつまでも鎖国のような体制は取れないはずだ。ミャンマー政府側には近い将来、国際的な視野と見識が求められるにちがいない。

また、国内情報の入手が外国人にむずかしいミャンマーでは、信頼できる情報源の確保が大きな課題である。国内で何が起きているかの把握は、円滑な活動に欠かせない。とはいえ、ＮＧＯの場合、活動現場の状況はおおまかにわかるとしても、国内全体の状況やミャンマーに対する国際社会の動向を知るのは簡単ではない。

そうしたなかで、日本大使館はたいへん貴重な存在である。歴代の大使や参事官、書記官の話は、現地での状況判断と活動の決定に大いに役立った。少なくともミャンマーでは、日本大使館はＮＧＯが判断を下す場合の重要な情報収集源である。

同時に、日本大使館に日常的にＢＡＪの活動を知らせるのも大切である。ミャンマーの現状では、お互いに協力できる可能性を保ち、その関係を最大限に生かしていく必要があるだろう。一般に在外大使館では、NGOの活動と連携する部署の担当者によって対応が大きく異なる。幸いこれまでは、歴代の大使をはじめ、BAJにかかわっていただいた担当者は、私たちの活動を理解し、協力してくださった。今後もそうであることを願っている。

4　増大する民間の力

マイクロソフト会長のビル・ゲイツ氏と妻メリンダ氏の財団であるビル&メリンダ・ゲイツ財団の総資産は四兆円で、二〇〇七年の資金援助総額は二〇〇〇億円を超えるといわれる。日本の二国間無償資金協力(〇八年度一般会計)が一五八八億円弱だから、それを上回る規模である。同財団ではおもに、最貧困層の子どもたちのエイズやマラリアなどの問題に取り組んだり、教育の機会を提供したりしてきた。ビル・ゲイツ氏は共同創業したマイクロソフト社を退き、財団の活動に専念すると伝えられている。

また、二〇〇四年一二月のスマトラ島沖地震による津波で大きな被害を受けたスリランカに対して、欧米のあるNGOの総支援金額は一八〇億円であったという。当時の日本政府のスリランカ政府に対する緊急無償資金は八〇億円だから、その二倍以上の資金規模を一つのNGOが担ったことになる。

日本で考えると遠い世界の話のようだが、いまや民間が積極的に国際協力活動に取り組む時代である。多額の資金を出す支援者も増えてきた。ビル＆メリンダ・ゲイツ財団へは、二〇〇六年に株式投資家のウォーレン・バフェットが三一〇億ドルもの寄付をしたのをはじめ、巨額な資金提供の申し出が相次いでいるという。今後もこうした動きは広がっていくだろう。

日本でもようやく、企業の社会的責任（ＣＳＲ）や地球規模の社会的責任（ＧＳＲ＝Global Social Responsibility）が主張されるようになった。地球環境問題や貧困問題などへの関心は、かつてないほど高まっている。欧米とはまだ差があるとはいえ、民間ベースの国際協力活動も年々盛んになってきた。一九九八年のＮＰＯ法の成立以後の一〇年間で、ＮＰＯは社会的な地位を確立しつつある。これからの一〇年間では、財政的な基盤を確立させるＮＰＯも増えていくと思われる。ＢＡＪにも、企業や民間団体の支援が増えてきた。

ＮＧＯと企業や民間団体との連携は、日本社会に好ましい影響を及ぼしていく。それぞれが役割を分担し合って、一つの地球に生きる人間として、困難な状況にある人びとを助けることが当たり前となりつつある。ＢＡＪはこうした協力関係を生かせるように、不断の努力を重ねていきたい。

5 国際化時代の日本の役割

人類は自らの経済活動によって、地球の気候まで変えてしまった。いまや温暖化問題は待ったなしである。自分が暮らす地域と国だけを考えていたのでは、地球全体が危いし、人類の生存すらむずかしい。なかでも、日本は食糧の六割に加えて、工業製品の原料の多くや石油も海外からの輸入に頼っている。日本だけでは決して生きていけない。

そして、「日本のことしか考えない、日本のためでなければ動かない」という姿勢では、国際的に通用しないし、許されない。これからは、自分が暮らす地域と国の将来を考えると同時に、地球全体や地球人としての視点からも将来を考え、行動していかねばならない。人類が宇宙から国境線のない地球を初めて見てから、まもなく半世紀が過ぎる。世界中の人びととの共存共栄は、日本人にとっての焦眉の課題である。にもかかわらず、この国際化時代に多くの面で日本は遅れている。

たとえば、難民の受け入れだ。UNHCRによると、国外に逃れ、難民となった人数は二〇〇七年末で一一三九万人、紛争や迫害による国内避難民は二六〇〇万人にものぼる。世界中で約三七〇〇万人が、難民・避難民の生活を余儀なくされているのだ。

この状況に対して、各国が難民の受け入れや支援を行なっている。ところが、日本では二〇〇八年に一五九九人の難民申請があったものの、難民認定されたのはわずか五七人、人道理由での滞在許可も三六〇人だ。難民認定されたのは申請数のわずか三・六％にすぎない。二〇〇〇年以降の合計でも、五三三四人の申請者に対して認定者は二六五人、五・〇％である。欧米では、年間数百人から数万人の難民を受け入れる国が珍しくない。ところが、日本では難民の第三国定住制度（紛争当事国から逃れて近くの国で暮らす難民の受け入れ）の検討が始まったばかりである。

日本は一九八〇年代以降、約一万一三〇〇人のインドシナ難民を受け入れた経験をもつ。自らの意思に反して難民とならざるを得なかった人びとや、長期化する難民キャンプ生活を送らざるを得ない人びとを積極的に受け入れて、共存共栄する社会をめざしていくべきだ。それは、日本の将来にとってきっとプラスに働くであろう。

外国人労働者の受け入れ・待遇にも大きな問題がある。現在、日本の多くの産業は、外国人労働力によって支えられている。機械・金属、繊維・衣服、食品製造、建設などは、その典型だ。最近では、農業、漁業、林業でも、外国人研修・技能実習制度で来日した研修生が働いている。なかには、パスポートを取り上げられて低賃金で働かされている外国人も少なくない。

二〇〇八年六月に発表されたアメリカ国務省の『世界の人身売買報告書』でも、日本の外国人研修・技能実習制度が取り上げられた。そこでは、不正雇用や賃金未払いであるのに「政府にこれらの法を執行しようとする意思がかなり欠けている」と述べられているほか、二〇〇六年だけでも労働基準監督署が一二〇〇件以上を労働関連法違反と認定したにもかかわらず、有罪確定は過去二年間で二件のみだったと指摘されている。日本の外国人研修・技術実習制度がアメリカにまで問題視されているのは、不名誉なことである。

高齢化社会をむかえて、介護問題も深刻度を増している。日本人だけでは支えきれなくなり、経済連携協定(EPA)に基づいてインドネシアの看護師・介護福祉士の受け入れが始まった。第一陣として二〇〇八年八月に二〇八人が訪れ、〇九年には最大七九二人を予定している。しかし、日本語による国家試験に合格しなければ継続して働けず、現地でも不人気だという。

これを受けて、自民党の外国人材交流促進議員連盟は二〇〇八年六月、「今後五〇年間で総人口の約一割にあたる一〇〇〇万人程度の移民を受け入れる」という方針を打ち出した。日本経済団体連合会や日本商工会議所なども、研修生・技能実習生の受け入れの拡大と法的保護の強化を求めている。また、国際競争力が要求される企業や大学も、IT関係をはじめとする優秀な外国人の雇用や留学生の確保に躍起となり、優遇策をとり出した。さまざまなところで外国人の力が必要とされている実態と受け入れ体制の不備の間で、日本の政策が問われている。

かつての日本は生活が厳しく、多くの人びとがハワイ、アメリカ本土、フィリピン、ブラジルなどへ出稼ぎに行った。不法就労した人も少なくない(鈴木譲二『日本人出稼ぎ移民』平凡社、一九九二年)。いまでは、その事実を誰も覚えていないかのように思われる。出稼者たちが多大な苦労をしたのは言うまでもないが、各国の人びとに受け入れてもらい、お世話になったのである。「困ったときにはお互い様」という日本のよき風習を、現代に復活させなければならない。

観光、交流、留学、定住など、日本各地で外国人とのかかわりは深まり続けている。外国人登録をした在日外国人は約二一五万三〇〇〇人(二〇〇七年一二月末)だが、今後はもっと多くなるにちがいない。国際結婚も増えている。国際結婚をした人たちやその子ども・孫たちは、新たな視点と刺激を日本の社会に与えるだろう。父の国も母の国も理解できる次世代に、私は大いに期待している。

多くの新しい着想やアイディアは、異なる背景や経験をもつ人びと同士の交流から生まれる。同じような人間だけでいくら知恵をしぼっても、革新的な案は生まれにくい。異なる人びとが出会い、お互いを理解しあい、信頼関係を築いていくことが、共存共栄の基礎となる。

「みんな違って、みんないい」のである。国籍、文化、伝統、民族、障がいの有無などの違いを超えて、学校、地域、職場、生活のあらゆる場面で意識的に出会いを創り出し、相互理解と信頼の橋を架けていくことが、大切な課題だ。そして、これはＢＡＪの目的でもある。

異なる人びとの交流は、お互いに刺激や励みとなり、元気の素となる。ＢＡＪが活動するベトナムの貧困地域では、子どもたちが地域の環境改善活動に元気よく取り組んでいる。日本の大学の先生、環境問題の専門家、農民、子どもたちなどの激励と助言と賞賛が、ベトナムの子どもたちの刺激になり、交流は新しい発想や活動につながっている(二一六ページ参照)。

6　ＮＧＯの人材が未来を開く

これからの日本には、どんな人材が必要となるであろうか？　そして、ＢＡＪはどんな人材を育て、どんな社会をめざしているのだろうか？

国際協力ＮＧＯの海外活動も、日本の地域の問題に取り組む活動も、共通項は多い。求められる人材は共通しているのではないだろうか。

海外の大半の現場は、ないない尽くしだ。資金がない。産業がない。職場がない。インフラが整っていない。治安が悪い。地方政府は予算がなく、多くは実質的に機能していない。そうした条件のなかで、現地住民のために何をしたらいいか、どうやって持続可能な暮らしが成り立つ社会を創っていくのか。環境、教育、福祉、保健衛生、収入向上など多くの課題を前にし

BAJの井戸掘削チームと住民たち。NGOの力と役割は今後ますます増す

て、ＮＧＯは住民と相談しながら、知恵を出し合い、さまざまな事業に取り組んでいる。

日本では、インフラこそ整備されているものの、高齢化、少子化、農林漁業や中小企業の衰退などの問題がある。それらをどう解決していくかの基本的方法は、海外と同じである。人びとの知恵とやる気を引き出し、ともに考え、励まし合うのだから。

近年、海外の緊急支援活動で経験を積んだＮＧＯが、日本国内の地震などの被災者に対する支援で地方自治体に協力するケースが増えてきた。海外での経験を国内で役に立て始めたのである。また、海外の難民支援を行なってきた人たちが、日本国内で暮らす難民の支援もしている。海外での経験は、日本の地域の課題に取り組む際にも生きるにちがいない。

国際協力活動にかかわるＮＧＯ関係者は、日本の経験、技術、ノウハウをどうすれば海外の活動現場で役に立てられるか、日夜頭を悩ませている。また、海外の現場の状況を理解することで、逆に日本のあり方を再認識し、見直すようになる。すなわち、ＮＧＯの人材は、海外の現状と日本の今後をともに視野に入れて活動できる存在なのである。日本の教育、企業活動、地方行政などあらゆる場面でこうしたＮＧＯ経験者を生かしていけれぱ、いやおうなしに進む国際化のなかで大きな力が発揮されるはずだ。

ところが現状では、ＮＧＯの経験は社会的にあまり評価されない。とくに、中年以降のＮＧＯ経験者は、給与の不安定なＮＧＯの仕事を継続するか、一般の職場に移って働くか、家族の生活も考えて悩むケースが多い。しかし、これからの日本では、国際協力の分野だけでなく、国内の教育、企業、地方行政などあらゆる場面で、ＮＧＯの人材が必要となる。彼らは、海外と日本、日本に住む外国人と日本人との媒介項であり、共存の鍵である。

公務員は公の仕事に服務し、国民の税金から給料をもらう。国際協力に携わるＮＧＯのスタッフは、海外で困難な状況にある人びとのために活動する。いわば、公的な活動に勝手に参加する私的な存在とも言える。

国際化・グローバル化が叫ばれるにもかかわらず、ＯＤＡ予算は減らされている。税金を出す国民の間でも、ＯＤＡの使途への関心は残念ながら高くない。その一方で、たとえば二〇〇八年の中国・四川省の大地震やミャンマーのサイクロンなど、海外で大きな自然災害が起きると、多くの日本人が被災民を気遣い、募金し、少しでも助けたいと願う。災害時に限らず、途上国に何らかの貢献ができないかと考える人びとは決して少なくない。

こうした人びとにNGOが呼びかけ、できるところから協力と交流を積み重ねていけば、相互理解が進み、友好関係が創られていく。そうした活動を政府が制度や政策を通じて奨励し、支える形態こそが望ましい。

たしかに、日本の多くのNGOの組織基盤は、まだまだ弱い。身分が安定している政府機関職員にはない悩みをかかえながら、困難な仕事を続けている。しかし、その苦労が日本の多くの人びとに理解され、評価されるようになるのは、そう遠い将来の話ではない。そこで最後に、NGO活動を長く続けてきたなかで、NGOのスタッフに大切だと私が感じている点を二つ述べておきたい。

一つは、日本の経験を学び、途上国へ伝えることである。いわゆる「開発理論」も必要ではあるが、何より日本の明治時代以降の歴史、第二次世界大戦後の復興、高度経済成長と産業公害、環境問題、適正技術、各地の住民運動などを学んでほしい。途上国の人びとや子どもたちに、私たちが何を伝えられるかというと、結局はこうした日本の経験ではないだろうか。いい点も悪い点も含めて事実を伝え、彼らが自らの将来を考える際の参考にしてもらうのである。

もちろん、一人の力には限界がある。自分だけでは学びきれないだろう。その場合は、各分野に詳しい人の知恵を借りればよい。たとえば、途上国の人びとを日本に招き、公害や環境破壊、住民運動などの現場に連れて行き、直接話し合う。そうした橋渡しの役割を果たしてほしい。ブリッジ エーシア ジャパンという名前には、NGO活動にかかわる人びとが途上国と日本の架け橋になってほしいという願いがこめられている。

国際協力NGOは今後、日本各地でさまざまな地域活動を行うグループやNGOとのつながりが、より必要になる。そのうえで、日本の経験や知見を途上国の将来に生かす創意と工夫が求められる。途上国と日本でともに考え、励まし合っていければ、お互いの関係も発展していくだろう。

もう一つは、面白い活動を考え、子どもたちを巻き込むことである。活動は面白くなければ続かない。とくに、子どもたちは正直だ。つまらなければ続けない。多くの友だちといっしょにできて、面白かったり創造性がかき立てられたりすれば、活動を続ける。子どもたちが夢中になって参加し、可能性が広がっていくと実感できるような内容を考えていこう。

BAJがベトナムのフエ市にある貧困地域で行なってきた環境保全活動は、いまでは四〜一六歳の子どもたちが中心である。二〇〇四年二月に一六〇〇世帯のごみの分別収集、資源ごみの回収から始まり、収集した生ごみを材料にしたコンポスト(堆肥)の生産、コンポストを活用した都市近郊農業にまで広がっていく。〇八年には無農薬のカラシ菜や米が収穫でき、分別収集の協力者たちに味わってもらえた。

子どもたちが行動すると、両親はもちろん、祖父母や弟・妹にも大きな影響を与える。他の地域に対しても、おとなを通じるよりも子どもたち同士のほうが早く情報が伝わり、波及効果も大きい。

子どもたちと活動するときは、彼ら自身の考えを尊重し、おとなが答えを出さないようにしよう。期限が決まっているプロジェクトのなかでは、柔軟性をもって子どもたちの豊かな可能性を引き出すのは、なかなかむずかしい。したがって、子どもたちとの活動を継続するためには、必ずしも予定どおりの計画実施が要求されない民間資金を調達するのがいいだろう。

海外の困難な状況の人たちのために力を尽くしたいという熱い心をもち、多くの困難のなかで奮闘するＮＧＯのスタッフは、着実に増えている。ＮＧＯの厳しい生活条件に悩みつつ成長した人びとは、地球人としての視野で日本の課題にも取り組んでいける。将来の日本を担うのは、マニュアルどおりの業務を行うのに忙しい「官」の政府関係者ではなく、資金の乏しいなかで現場の住民とともに考え、工夫してきた「民」のＮＧＯ経験者である。

繰り返しになるが、ＮＧＯの経験が国内外のあらゆる場面で生かせる時代、ＮＧＯの経験が求められる時代は、もうすぐやってくる。柔軟な発想と実行力、国際的な経験と視野をもった人材が、日本にとってきわめて貴重になる。一〇年も経てば、時代は確実に変わる。やがて、NGOが社会的に評価され、世間並みの給料や待遇も当たり前になるだろう。説明責任（アカウンタビリティ）と透明性を武器として、多くの支援者の厚意を胸に奮闘するNGOのスタッフに、心から声援を送りたい。

未完のエピローグ

大学共同セミナーで発表する私（当時、東京大学４年生）

1　勉学と柔道——東京大学工学部での四年間

私は一九六四年に東京大学理科一類（理工系）に入学した。大学進学志望にもかかわらず経済的事情から高校を卒業して就職した長兄や両親の協力と、無償で大学入試特訓をしてくれた島根県立松江南高校の先生方のおかげである。当時の国立大学、なかでも東大の理工系は、学生一人あたり授業料の数十倍の税金がかかっている。そのうえ私は、入学後に森本積善氏（森本組創始者、島根県出身）による返済義務や拘束のない奨学金も得られた。だから、自分のお金は自分のものではなく、自分に託されたお金だと考えざるを得なかったのである。

ところが、実際に通学してみると、どんなに遊んでいて東大に合格したかという自慢話をする学生や、嫌味で軟弱な学生も多い。その雰囲気が嫌で仕方なかった。一方で、授業は二〜三回目から格段にむずかしくなる。必死に勉強しても、ついていくのが容易ではなかった。それでも、なんとか学園生活に馴れ、偽りがなく暖かい雰囲気で、お金もかからない運動部を探し、柔道部に入る。初心者で、運動神経もよくない私を、柔道部の先輩や仲間たちは暖かく迎えてくれた。

あっという間に三年半が過ぎ、卒業後どうするかを考えなければならない時期となる。しかし、私には短期アルバイトぐらいしか社会的な経験はない。一五〇名の大教室での講義や実験、それに柔道に明け暮れた日々である。いくら考えても、社会とのかかわりのなかで自分の果たすべき役割や自分に向いた仕事についてわかるはずもない。

2　大学共同セミナーへの参加から大学院進学へ

そんな四年生のとき、たまたま目に入った大学共同セミナー「日本の思想」に応募し、参加する機会を得る。それまで私は著名な政治学者・丸山真男先生について何一つ知らず、応募作文を書くときに岩波新書の『日本の思想』を初めて読む始末だった。

八王子市(東京都)の大学セミナーハウスで行われた三日間のセミナーでは、丸山先生やロナルド・ドーア先生(英国人の日本研究者。主著に『学歴社会 新しい文明病』)の講義の中身はほとんどわからなかったが、他大学の参加者たちとの討論がとても新鮮だった。夜がふけるのも忘れ、ほとんど徹夜で話し合った。寝るのがもったいなかったのだ。人生で初めての知的興奮を味わうことができた。本来は大学でこんな経験がしたかったが、いかんせん機械系の学科では望むべくもない。

そのときわずかに理解できた「『である』ことと『する』こと」「タコツボ型とササラ型」

「不作為の作為」は、その後の私に大きな影響を与えた。講座終了後、参加者で

「ARSの会」をつくり、ときには丸山先生を交え、会合を続ける。機械系の勉学と柔道だけだった私の人生を豊かにしてくれた、仲間たちと先生である。

しかしながら、自分が卒業してどうやって人びとに役立っていけるのか、何をなすべきかについては、ますます混迷を深めるばかりだった。幸い成績がよかったので、大学院入学の推薦が得られ、修士課程への進学を決める。そして、当時の機械系のなかで社会工学や医療機器からロボットまでもっとも広範な分野にかかわっていた、渡辺茂先生の研究室に所属させてもらうことにした。

年があけて一九六八年になると、医学部当局から処分を受けた学生の処分撤回運動が全学的に拡大した。いわゆる大学闘争のきっかけとなった事件である。処分についての医学部当局と学生の主張を比較すると、どう考えても学生側に理があった。ところが、我が機械系だけはまったくの無風状態。「そんなの関係ない」人たちが、ほとんどだった。結局、安田講堂での卒業式は中止となり、各学部・学科単位で卒業式が行われる。割り切れない気持ちだった私は、卒業式を欠席した。あとで研究室に行くと、卒業証書と成績上位者数名に渡されるウェスト賞の盾が机に置いてあった。

そのころは、技術者の社会的責任や大学の社会で果たすべき役割などが、大学内で大きな問

題となっていた。やがて、都市工学科助手の宇井純氏による公開講座「公害原論」が工学部二号館の大講堂で始まる。私も欠かさず出席し、仲間と教材をコピーしたりして協力していく。

そうしたなかで困ったのが修士論文である。渡辺先生からは「何をやってもよい」と言われたが、なかなか決められなかった。悩んだ末、当時工事中だった工学部の教室周辺で使用されているコンクリートブレイカー(コンクリート構造物を破砕する機械)を親方に頼んで使わせてもらったりして、「振動工具の人間工学的研究」をテーマにした。大きな振動と騒音にさらされ、白蠟病《はくろう》(森林労働者や土木作業員の職業病。血液循環の障害で手の指が白い蠟のようになり、しびれや冷えに悩まされる)に侵される労働者の負担が軽減できないか、という動機からである。

他の研究室の助手に頼んで、「カミオカンデ」(素粒子のひとつニュートリノの観測装置)で有名になった神岡鉱山(岐阜県)の削岩機による掘削現場に行かせてもらったり、工学部八号館の地下で大きな音を立ててコンクリートブレイカーを動かし、八号館で研究する人びとに迷惑をかけたりしながら、何とか論文をまとめた。

もっとも、コンクリートブレイカーを無償で提供してくれた親方とは仲よくなったが、労働者の振動障害を防ぐには人間に極力振動工具を使わせないことに尽きる。特殊車両やユンボ(パワーショベル)などの機械にブレイカーを取り付け、人体が直接触れないようにすればいい。結局は、それにどこまで金をかけるかである。工具や機械の小手先の改良の問題ではなく、経営判断や国の規制の問題なのだ。

研究室の外では、ベトナム反戦、三里塚空港（千葉県成田市）反対、水俣病（熊本県）告発、七〇年安保闘争などなど、多くの運動が繰り広げられていた。「不作為の作為」を考えると、毎日でもデモに参加しなければならないような気分に追いたてられもする。一方で、道一杯に参加者が手をつないで歌ったりシュプレヒコールを叫んだりしながら行進するべ平連のフランスデモや三里塚の広場での集会は、とても開放感にあふれ、参加していて楽しかった。しかし、当時は真面目に悩んで自殺してしまう学生も少なくなかった。

重圧に苦しんでいた私は、自殺するよりはいいだろうと、大枚はたいて中古のエレクトーンを購入する。上京して初めての大きな買い物だ。ヘッドフォンをして下宿の六畳でエレクトーンを弾くのは、私の大切な癒しの時間だった。音楽とはありがたいものである。

3　ベトナム人留学生の支援運動

修士論文を含めてほとんどの単位を二年間で取った私は、簡単に取れる一単位だけを残して修士課程を留年し、最後の一年で違う社会を見ることにする。就職しなければ返せばいいと考えて、日本ＩＢＭの奨学金をもらい、学費に充てた。

一九六九年の秋ごろから、ベトナム人留学生の在留問題が起きていた。ベトナムの平和と統一を求めて立ち上がった留学生のリーダー三人に、当時の南ベトナム政府から帰国・入隊命令が出されたのである。命令を拒否した留学生のパスポートは無効となり、さらに軍事裁判で有罪となった彼らの日本のビザの有効期限は七〇年四月までだった。それが切れれば、ベトナムへ強制送還される危険がある。東大でも、その留学生が所属していた応用化学系大学院を中心に留学生支援運動が始まった。私も参加し、留学生たちの熱い息吹に直接ふれていく。

支援運動の本部は、東大正門のすぐ近くにある新星学寮だ。ここには三人のうちの一人を含む数人のベトナム人留学生が住んでいた。国籍・性別・大学を問わない自治学生寮で、朝夕の食事は当番制で寮生が作り、掃除や営繕も寮生の仕事である。穂積《ほづみ》五一氏が主宰されていた戦前からの長い歴史をもった寮で、穂積一家は寮の奥に住んでおられた。穂積氏は、アジア学生文化協会と海外技術者研修協会の創立者で、当時は両協会の理事長。両協会ともに本駒込(文京区)のアジア文化会館にあり、毎日出勤される穂積氏をみんなが「穂積先生」とか「五一さん」と呼んでいた。

私はそうした事情はまったく知らず、たまたま寮生募集のポスターを見て「留学生との共同生活」と安い寮費に惹かれて応募。全寮生による面接を経て、一九七〇年初めに入寮した。

新星学寮にある「ベトナム留学生支援の会」(通称「べ支援」)の運動や広範な人びととの支援もあり、「今後、違法な政治活動は行わない」という誓約書を留学生が提出することで、在留資格証明書による一年間のビザを得て、留学生たちは強制送還を免れた。しかし、デモで逮捕されれば「違法」と見なされる可能性が高い。ベトナムで戦闘が激化しているなかで「強制送還も辞せず」と活動する留学生たちに、「何もするな」とは言えない。また、仕送りを停止され、奨学金もない留学生の学費や生活費、さらに活動費の支援もしなければならない。

最初は東大べ支援の連絡役であった私は、中心メンバーが卒業したうえに、寮での年長者であったために、いつのまにかべ支援のまとめ役になっていた。当時の寮の連絡会に出ていたのは、学生側が東大、東京工業大学、東京水産大学、学習院大学、中央大学、東洋大学、早稲田大学、市民側は大泉市民の会(練馬区)、国会図書館ベトナム留学生支援の会、三鷹市民反戦ちょうちんデモの会などである。

べ支援事務局の目標は三つだった。①ベトナム人留学生が反戦デモなどの行動を起こしたときは機動隊と留学生の間に入り、先に逮捕される。その間に留学生を安全な状態におき、逮捕を防ぐ。②一九七一年以降の在留を確実なものとすべく、ベトナム人留学生問題の広い周知を図る。③留学生の運動と生活支援のために恒常的カンパを行う。①は事務局員のみで行い、対外的には②と③を呼びかけた。

ところが、一九七〇年の秋に厄介な問題が持ち上がった。政府の決定を左右するには、いわゆるロビーイング(決定に直接・間接に関与する人びとへの働きかけ)と、問題を市民に広報していくことの両方が必要である。もっぱら後者をべ支援が担い、前者は穂積先生はじめアジア学生文化協会や海外技術者研修協会の人びとが行なっていた。そのロビーイング中に「穂積氏や両協会に関係の深い新星学寮は過激派の巣窟《そうくつ》ではないか」と指摘されたというのだ。たとえ嘘でも、噂がたつと取り消すのはむずかしい。協議の結果、寮生を中心とするべ支援と、大学や市民団体を中心とする組織に分かれることになった。

卒寮した私たちと各大学の代表、それに市民団体は、「ベトナム留学生支援市民連絡会」を結成し、事務所を白山通りの文京サウナビル五〇八号に構えた。困ったのはビルの敷金・礼金である。メンバーからの拠出金だけでは、とても足りない。私は日本ＩＢＭの奨学金を貯めていたので、それを充てた。かくして、私は日本ＩＢＭへ就職せざるを得なくなる。

〈＊編集者注〉
原稿は、ここで終わっています。以下のタイトルが残されていました。
ＡＢＫ(アジア文化会館)から元ベトナム人留学生による貿易会社へ
根本悦子と結婚
タイビン貿易、メコン通商の約一二年間
やっと念願のＮＧＯ設立へ

〈解説〉アジア人として生きた新石正弘

中村尚司（龍谷大学研究フェロー）

1　アラカン王国の日本人

一七世紀の初頭、今日のミャンマー（ビルマ）とバングラデシュの国境地帯はラカイン王朝（アラカン王国）が支配し、その王都には多くの外国人が住んでいた。イエズス会の神父ファリーニャの報告によれば、外国人の居住は三地区に定められ、第一がポルトガル人区、第二が日本人区、第三が英国・フランス・オランダなどからの居留民を含む一般外国人区であった（岩生成一『朱印船と日本町』至文堂、一九七八年）。約四〇〇年前に、独立した外国人区として認められるほどの規模の在留日本人がこの地に暮らしていたことを物語っている。

彼らは交易や傭兵の仕事に携わっていたようだ。しかし、江戸幕府の鎖国令とともに、帰国の望みを果たせず、やむなく地域住民として生きたものと思われる。

ところが、一六六五年にオランダからの旅行者スハウテンがラカイン王国を旅行したときの報告には、他の外国人の居留は記されていても、在留日本人に関する記述はまったくない。わずか二〇～三〇年のうちに、日本人としてのアイデンティティは失われたようである。ポルトガル人やオランダ人と異なり、日本人がアジア人であることを示す史実である。ラカイン王国や王朝といっても、近代西欧起源の主権国家や国民国家とは共通点が乏しい。議会制度、常備軍、官僚制、中央銀行などがなかっただけでなく、国境線の画定や出入国管理も行われていなかった。

それから三〇〇年近くが経った一九四二年に、「大日本帝国陸軍」の占領行政が行われ、多くの日本人兵が駐屯するようになる。この地域の少数民族は、対決する日本軍と英印軍とのはざまを行き来して、味方になったり敵になったりしていた。その行動様式は、三〇〇年前と変わらなかったであろう。

やがて、無謀なインパール作戦が開始された。英国からの独立をめざして帝国陸軍に協力したインド国民軍の兵士にも苛酷な行軍と交戦が強いられ、双方におびただしい戦死者と戦傷者を出したことで知られている。一九四五年の敗戦後、日本列島に帰ろうとせず、ミャンマーの土となった日本軍兵士も少なくない。

それから半世紀以上経た現在でも、欧米近代が生み出した主権国家に服さず、インド、バングラデシュ、ミャンマーを自在に移動する少数民族が存在する。国際連合による難民帰還再定住事業が必要とされる地域の一つである。その一端を引き受けたブリッジ エーシア ジャパン職員は、第三期目の日本人による長期在留である。

今回は前回までと異なり、武器を携行しないNGO活動だ。欧米からの支援ではなく、同じアジア人としての役割が重要な事業でもある。ここでは国家の機構よりも、人びとのネットワークが力を発揮する。四〇〇年前のアラカン王国でも、二一世紀のラカイン州でも、国家の壁と格闘する日本人が往来する。

著者の新石正弘は、困難な環境のもとで国家の壁にとまどいながらも、同じアジア人として対等な立場から、交流と対話による地域住民の生活向上に取り組んできた。その意味で本書は、現代社会において日本人がアジアの仲間になる道を拓き、示してくれる道標である。

2　当然のアジア主義

この事業に取り組んだ新石正弘は、根っからのアジア人である。広大なアジアに橋を架ける夢を抱き続けた男である。いうまでもなく、日本列島で暮らすほとんどの人間は、アジア諸民族の一員だ。しかし、日本近現代史の不幸は、アジアの一員であることを拒絶して、欧米の文物を吸収することのみに熱心な知識人の大群を生み出したことである。明治以降、日本人の社会的な活動の主流は、欧米社会に追いつくことをめざしていた。主流派の欧米主義に反発する人びとがアジア主義者である。

たとえば、筆者はこのような主流に棹をさそうとして、西洋史学の専攻を志した。しかし、非西洋的な日本社会の現実に直面し、アジア研究に転向する。そして、アジア諸地域の知識人と交流すると、日本以外の知識人の間でも、多かれ少なかれ西欧近代に対する劣等意識と反発があることに気づく。

新石は、しかしながら、そのような意味でのアジア主義者ではない。ごく自然に、生身の人間としてアジア民衆の運動に参加してきた。脱亜論と興亜論の間を揺れ動く、日本近代に特徴的なアジア主義ではない。輸入思想の左翼に対する反動から生まれたアジア主義でもない。アジア社会の一員として、当然のアジア主義とでも呼ぶよりほかにない。

地方都市の学校で成績の良い青年が、東京大学工学部機械工学科に進学して、技術者として生きようとするのは、少しも珍しくはない。日本社会の戦後復興は、そのような技術者によって担われてきたともいえる。新石はその歩みの延長線上で、アジアの仲間とともに働くようになる。

はにかみ屋の新石に学生時代の話を聞くと「中村さん、ぼくは工学部の勉強より柔道部の練習に熱心な学生でした」と話してくれた。アジアの伝統に即して、身体を鍛えることにこだわった人でもある。だが、学業を怠けていたわけではない。

学部を卒業するときには、成績優秀者に贈られるウェスト賞を受けている。大学院(機械工学)に進学して、学会誌に投稿した論文の題目は、「局所振動に対する人体の力学的特性」(日本人間工学会編『人間工学』第七巻四号、一九七一年)である。柔道の練習に励みながら、建設労働者の職業病を防ぐ方法を考えるという、いかにも新石らしい態度で、工学研究に活かそうとしていた日々がよくわかる。若き技術者・新石正弘の面影を伝える人間工学研究である。

学生時代から、新石はベトナム人留学生と付き合いがあった。たまたま留学生との共同生活と安い寮費という寮生募集のポスターに惹かれて、穂積五一が主宰する本郷の新星学寮に応募したという。この寮は戦前からあり、学徒動員で軍隊に入隊するまで、村山富市元首相も暮らしていた。戦後アジア外交の基本文書である「村山談話」を残した政治家への道もこの寮生活と無関係ではない、と村山は述懐する。死刑執行命令に署名しないことで名をはせた杉浦正健元法相も、「日本はアジアの一員であり、アジアと共に生きる」大切さを寮生活で体得した、と記している(穂積五一先生追悼記念出版委員会編著『アジア文化会館と穂積五一』影書房、二〇〇七年)。

新星学寮は、文部科学省が統括する公教育に位置しない。いわば、穂積五一の私塾である。この小さな寮が、多くの新石のような人格を陶冶してきたことは驚異である。著名な政治家を輩出したことだけに、意義があるわけではない。穂積もそんなことを望んでいなかった。無名ではあっても、「アジアとともに生きる」人間を育てたかったのである。安い寮費に惹かれて新星学寮の寮生となった多くの青年が、国立の東京大学や一橋大学の授業よりも、はるかに多くを学んだ寮生活であったと回想している。公権力が優越する近代日本社会において、私塾のほうが学校教育より卓越していた稀有な例である。

ベトナム戦争が泥沼化し、多くの在日ベトナム人留学生が故郷の苦境を見かねて立ち上がると、新石はごく自然にその支援活動を行なった。左翼の革命思想に共鳴したわけではなく、アジア人の仲間を見過ごせなかっただけである。大企業のＩＢＭに就職した後も、在日ベトナム人支援活動を離れることはなかった。結局、活動の拠点が置かれていた本駒込のアジア文化会館に転職し、留学生の相談活動を続ける。所得水準が格段に下がっても、アジア人らしい生き方を選んだのである。ベトナム戦争終結後は、元留学生とともにベトナム貿易を始め、そのための貿易会社も設立した。

一九七〇年代にアジア文化会館をよく訪ねた私は、口数が少ないが、誰よりもベトナム問題に熱心な好青年という印象を、新石に対してもっていた。当時のアジア文化会館に集っていたのは、穂積門下の田井重治、小木曾友、田中宏、工藤正司、栖原曉など錚々《そうそう》たる人材である。一世代下の新石は目立たない存在であり、元留学生とともに、もっぱらベトナムとの交流、交易に取り組んでいた。晩年、ベトナムのフエ市から名誉市民の称号を贈られるのも、そのような長い交流なしには考えられない。

その新石が病床で力を込めて書いた遺稿集が、ベトナムに関連する事業ではなく、ミャンマーにおけるNGO活動を主題としている。ベトナム、ミャンマーに続いて、新石が熱心に格闘したのは、内戦下のスリランカにおける難民支援であった。当初のベトナムでも、最後のスリランカでもなく、なぜミャンマーなのか。一見して、何とも不可解だと感じた。

しかし、本書を読み進むにつれて、なるほどと納得できた。東京大学で学んだ機械工学や、穂積五一の影響下で担当したベトナム支援から歩み始めたものの、新石がアジア人としての自己を確認できたのは、ほかならぬミャンマーにおけるNGO活動だったのである。

3　アジアNGOの本領

アジア文化会館に通っていたころ、私は『技術と経済』という月刊誌の編集部と親しくしていた。常連執筆者であるだけでなく、いつの間にか編集方針にも口を出す仲間になっていた。

その編集部員であった根本悦子が、穂積五一のインタヴュー記事を掲載したいというので、アジア文化会館に同道したことがある。新石が取材斡旋の労を取ってくれた。この根本が、のちに新石のパートナーとなり、ＢＡＪ設立後は理事長職を担っている。新石のどこに惹かれたのか、と根本に聞いたことはない。おそらくは、アジア人としてアジアと共に生きる新石の姿勢だったのであろう。

新石が活動の対象に選んだベトナム、ミャンマー、スリランカに共通する点は、植民地支配からの独立後、内戦や少数民族との抗争が絶えなかったことである。対立・抗争の問題解決を武力に頼らず、これらの地域で和解と共生への橋を架けるのが、ＮＧＯを設立した新石の目標である。志は高いが、容易な仕事ではない。

ベトナム貿易を始めてみると、新生社会主義国家を支えようとする営みは、官僚制や党組織の壁にぶつかる。新石は、そんなことに絶望しない。謙虚ではあるが、粘り強く問題の解決を模索してきた。たゆむことなく、ベトナム戦争の惨禍からの復興を手伝おうとしてきた。しかし、ベトナムでは党の指導する公権力が絶大である。

スリランカでは、官僚制や党組織はベトナムほど強くないが、対立・抗争を続けるシンハラ民族とタミル民族の背後に、さまざまな圧力団体が存在する。島国の内部だけでなく、海外からの諸勢力との応接も大変である。せっかく当事者間で合意できても、外部からの圧力によって簡単に覆される。そのような事態の繰り返しである。NGO活動の役割は、ベトナムとは異なった意味で局限される。

ミャンマーにも似た問題がある。ベトナムやスリランカ同様、公権力による人権無視は看過できない。とりわけ、軍事政権と民主化運動との対立は、多くのNGO活動家をたじろがせる。しかし、新石はたじろがない。むしろ、新石はミャンマーの辺境で、アジア人NGOの活路を発見する。

この地域では、中央集権的な政党も公権力による統治もほとんど機能しない。地域住民の必要とは無関係に定められた国境も、人びとの暮らしの障害物になっている。古くからバングラデシュ側に住む仏教徒と、ミャンマー側に住むイスラーム教徒はともに、主権国家の首都ダッカとヤンゴンの政府からは邪魔者扱いされている。その苦境を支援している国連機関にも、組織的な限界がある。国連は主権国家のみが加盟する連合組織であり、民衆主体の民際連合ではない。

このような状況で苦しむ民衆の側に寄り添いながら、もっとも力を発揮できるのが非政府組織のBAJである。新石は寝食を忘れて、柔道で鍛えた体力を限界まで酷使し、国家の保護を受けることのない少数民族のために力を尽くす。試行錯誤を繰り返しながら、ついにNGO活動のあるべき姿を発見する。NGOは、公権力やその連合組織である国連機関には手が出せない事業を率先して担う。ようやく、新石は国家を超えるＮＧＯに確信をもって、生涯をかける仕事として、若い人たちに勧められるようになる。

とはいえ、常に気配りを忘れることのない新石にとって、民主化運動を弾圧する軍事政権の存在は頭痛の種である。人権抑圧が欧米諸国や欧米のＮＧＯに強く非難される状況下で、アジアＮＧＯが事業展開を進めてもよいものかどうか、苦衷の決断を強いられる。

アジアの人権状況は困難な課題を背負っている。アジア社会に限らず世界中の誰もが、人間として生きるにふさわしい暮らしを実現したいと願う。いつの時代でも、どのような社会でも、人間らしい生き方の条件を整備し、実現の可能性を開く努力がなされてきた。このような努力の成果を、人間の権利であると呼ぶこともできよう。

天賦の人権という考え方に基づく、自立した個人の具体的な諸権利は、ヨーロッパにおける近代国民国家の主権に対抗する形で成立した。西欧の歴史をたどれば、一八世紀の近代市民社会における個人の自由権から出発して、生活権ともいうべき社会権や民族自決権、さらには経済発展の権利(第三世代の人権)と、普遍的な性格をもつようになった。

ヨーロッパ近代と異なった文化的な伝統をもつアジア社会では、人間として生きるうえでの基本的な価値を、法的な権利関係だけでは十分に説明できない。新石はヨーロッパ近代に由来する人権の普遍性を高く評価すると同時に、非ヨーロッパの文化、なかでもアジア社会における人権の特質について深く考える。

植民地支配者となった日本を例外として、アジア社会に共通する経験は、近代国民国家の成立以前に欧米列強の植民地支配を受けたことである。他方、被圧迫者であるアジアの民衆の間には、相互に連帯するネットワークが組織されている。

人びとが互いに助け合う協力関係こそ、アジア社会における被圧迫民衆の潜在力である。国家間の関係よりも民衆相互の関係を重視するという意味で、民際的な人権はアジアに固有の伝統である。栄枯盛衰を重ねる国家権力と違って、人びとの連帯は他者の抑圧をめざさない。地域住民の民際的な人権運動は、劣位に立つ被抑圧者が常備軍や官僚制度に頼らずに、人間らしい生き方を守るための伝統的な知恵の結集である。

欧米の人権運動やそれに共鳴する日本の人権団体は、非民主的な軍事政権の人権抑圧が続くミャンマーでの支援活動に加わることを好まない。そのただなかで新石は、軍事政権への抗議よりも民衆の生活向上を支援する道を選んだ。

この決断を契機に、設立したばかりの「インドシナ市民協力センター」を「ブリッジ エーシア ジャパン」に名称変更した。アジア社会に相互理解と信頼の橋を架けようとしたのである。ここから新石の新たな苦労が始まる。文字どおり非政府組織として国連機関や国家機関の壁にぶつかりながら、民衆間の理解と信頼醸成に努める。異なった民族や宗教の参加者を募りながら、村の青年男女に技術移転を図り、ラカイン州に二二三本の橋を架けた。一八〇〇人以上の女性に縫製技術を教えた。

ミャンマーでの苦心の数々は本書に詳しい。この地における活動を通じて、新石はようやく確信をもつことができるようになる。次の時代は、非政府組織が担う。公権力や私企業ではなく、柔軟な発想と実行力をもつＮＧＯの経験が国内外のあらゆる場面で活かせる時代が、もうすぐやって来る。若い世代にその確信を伝えながら、新石はアジア人としての生涯をまっとうしたのである。

あとがき

からだの不調を訴えて二〇〇六年一〇月に検査入院した新石正弘は悪性リンパ腫と診断され、抗ガン剤による化学治療が始まりました。一カ月後に通院による治療に切り替わると、懸案であったBAJの活動をまとめるために、自宅や事務所で執筆に取りかかっていきます。

「骨髄原発」というたいへん珍しい病態で、確定した治療方針がありません。医師と話し合いを重ねながら治療を進めました。いったんは症状が落ち着いたものの、半年後に再発。二つの病院でインフォームド・コンセントを受けましたが、判断を迷う結論でした。一方で、時間が得られたので病床にパソコンを持ち込み、執筆が本格化していきます。二〇〇八年に入ると入退院を繰り返しながらの執筆となり、エピローグについては絶筆となりましたが、死の直前までパソコンに向かう姿は、最後まであきらめない新石らしいものでした。

執筆内容に関しては編集者と相談した結果、日本でよく知られておらず、NGOの活動も少ないミャンマーに焦点をしぼりました。なお、データがない病床で書き上げたために、公私にわたって活動を共にした私が大幅に加筆した部分や、新石しか知りえずにフォローできていない部分があることを、ご容赦いただきたいと思います。また、相手国の決めた方針や手順に基本的に沿って活動するというＢＡＪの方針に則って、ビルマではなくミャンマーという表記にしたことを、ご了解ください。

新石の原点となったベトナムの元留学生たちとの出会いや活動については、絶筆となったエピローグで少しふれましたが、ＢＡＪはベトナムでの活動を後進のスタッフたちが進化させています。一方で二〇〇三年から新たに展開したスリランカに関しては、戦闘の激化にともない〇七年七月に撤退を余儀なくされ、私たちがめざした目標を達成できませんでした。返す返すも残念です。

こうしたかたちで、新石のライフワークとなったＢＡＪの活動を一冊の本にまとめられたことについて、これまでご支援いただいた方々にあらためて御礼を申し上げます。また、精力的に編集作業を進めた大江正章さんのご指摘で、見違えるほど内容を充実させられました。

最後に、私は新石との出会いによってアジアのさまざまな人たちと出会い、より豊かな人生を送ることができました。この場をお借りして、彼に感謝をささげたいと思います。ありがとうございました。

二〇〇九年五月

根本悦子（ＢＡＪ理事長）

BAJの活動年表(前史～2008年)

年	月	活　動　内　容
1982	11	ベトナム戦争で激戦地となったクーチ県(ホーチミン市)に、新石正弘が生活支援用の発電機を寄贈。
1990	7	ベトナム・ホーチミン市第8区にあるヒーボンろう学校へ給食用の米その他を支援(91年3月までに米・小麦約200kgを支援)。
1991	9	ホーチミン市の貧困地区に奨学金を支援(92年5月まで継続)。
	12	ベトナム・フエ市の老人ホームに衣料品支援、孤児のリクレーションプログラム支援。ダナン市の「ストリートチルドレンの家」にミシンを支援。ホイアン市の孤児院に薬・栄養剤を支援。 カンボジア・プノンペン市の孤児院と社会福祉センターに食糧費を支援。 日本国際ボランティアセンター(JVC)が実施するベトナムでの帰還難民への職業訓練プログラムに、物資調達で支援。
1992	5	ヒーボンろう学校教員の来日研修費用を支援。 ベトナム・ハイフォン市、ハノイ市、ホーチミン市環境公社を訪問調査し、中古ごみ収集車を日本から送るため自治労に協力要請。 栃木県鹿沼市と神奈川県逗子市より中古ごみ収集車の寄贈を受け、ベトナム各市に送る。
1993	3	ハイフォン市の孤児院を支援。
	7	ハイフォン市環境公社代表団を受け入れ、日本での研修を実施。
	10	『いっしょにやろうよ国際ボランティア――NGOガイドブック』(三省堂)を出版。
	11	国際協力NGO「インドシナ市民協力センター」を設立し、事務局を設置(代表＝熊岡路矢、事務局長＝新石正弘)。
1994	2	ホーチミン市の貧困地区調査を行い、ストリートチルドレンの職業訓練学校を支援。
	4	カンボジア、ブータン、ベトナムでの事業活動可能性調査として、2名派遣。
	5	自治労の大阪・京都・神戸各市組合の協力を得て、ベトナムの13地方都市に対し、中古ごみ収集車29台を寄贈。ホーチミン市、ハノイ市、ハイフォン市のごみ処理調査を実施。
	10	国連難民高等弁務官事務所(UNHCR)の要請で、ミャンマー・ラカイ

年	月	活　動　内　容
		ン州の難民帰還・再定住促進事業の可能性調査のため2名を派遣し、帰国後ミャンマーでの事業開始を決定。
	11	名称を「ブリッジ エーシア ジャパン」に変更。 ハノイ市、タインホア市、フエ市でNGO活動の評価と環境調査を実施。
1995	1	ラカイン州北西部のマウンドーで、UNHCRの事業実施団体として、難民帰還事業への協力を開始。職員を派遣し、ヤンゴン事務所を開設。代表を熊岡路矢から根本悦子に交代。
	2	マウンドーに事務所を開設し、国際機関や関連団体の車両、ボート、機械類の保守・整備の事業を開始。 ハノイ市とフエ市の環境問題行政担当者を招き、日本の公害経験地(足尾、霞ヶ浦、手賀沼、夢の島など)の視察、市民団体との交流、関係機関の訪問を実施。
	9	ホーチミン市の障がい児教育機関の教員3名を日本へ招き、関連施設や機関を訪問、研修を実施。
	10	マウンドーにBAJ技術センターが完成。帰還難民や地元青年30名を対象に3カ月間の自動車修理技術訓練コースを開始。11月からは2カ月間の単気筒エンジン修理コースを20名を対象に実施。
	11	日本から環境問題専門家をベトナムに派遣し、ハノイ大学、フエ市環境公社と共催で、ハノイ市とフエ市で環境問題セミナーを開催。『日本の公害経験』をベトナム語に翻訳し、関係機関に配布。
	12	マウンドーなどで小学校の教室建設を開始。BAJが地域住民を対象に大工・左官などの技術訓練を行いながら進めるOJT方式で工事を実施。マウンドーの技術センターの開所式を開催。
1996	1	UNHCRと事業実施団体である日本のNGOとの協議機関PARinAC(2006月6月J-FUNに改称)会議の設立会合(東京)に参加。
	2	第1回BAJ会員総会を開催(アジア文化会館)、ミャンマーでの活動報告を行う。
	3	マウンドーの技術センターで、帰還難民や地元青年90名を対象に3カ月間の第2期技術研修コースを開始。自動車整備・技術教育の専門家を日本から派遣。
	5	ベトナム障がい児教育の関係者2名を招き、日本の関係機関視察とフィリピン・バカロットで「コミュニティ・ベースド・リハビリテーション(CBR)」についての研修を行い、東京で報告会を開催。

年	月	活動内容
		ホーチミン市駐在連絡員が一時帰国し、ベトナムの障がい児の現状報告会を開催。
	7	BAJ ミャンマーの主要スタッフによる会議をヤンゴンで開催。
	8	マウンドーの技術センターで、第3期技術研修コース開始(60名×3カ月)。
	9	『あなたもできる国際ボランティア』(ジャパンタイムズ社)出版。
	11	ホーチミン市環境保護センターと共催で、セミナー「医療廃棄物処理の管理について」をホーチミン市で開催。
1997	1	日本の市議会議員など7名によるベトナムスタディツアーを実施。
	2	マウンドーの技術センターで、帰還難民や地元青年を対象に職業訓練コース(単気筒エンジン修理、車両整備、電気溶接)を実施。マウンドーの2カ村で、住民参加による技術訓練を兼ねて学校を建設。
	3	ヤンゴン事務所がヤンゴン在住の日本人家庭に呼びかけ、「絵本を送る会」の活動を開始。 理事を含む BAJ 代表団6名がマウンドーなどの活動現場を視察。
	5	ホーチミン市障害児教育センターへ点字印刷機(中古)を寄贈、同時に関係者8名がベトナムを訪問。
	12	日産労連より中古トラックの寄贈を受け、マウンドーへ向けて輸送。 鹿沼市からも中古小型消防車の寄贈を受け、輸送手続きを開始。
1998	2	マウンドー南部で、小規模橋梁の建設を開始(完成は4月)。住民に大工・左官・鉄筋加工などの技術訓練を行いながら、BAJ が工事を実施。
	5	マウンドーの技術訓練コース修了生の収入向上をめざし、レンタルショップを開設。レンタル品目は、灌漑用ポンプ、耕耘機、脱穀機、サイカ(自転車タクシー)、リヤカーなど。
	8	ベトナム視覚障がい者の自立支援として、桜雲会(視覚障がい者の自助グループ)と協力して日本からの講師派遣によるマッサージセミナー5カ年計画の実施を決定。第1回をホーチミン市とダナン市で開催し、40名が参加。ベトナム語点字テキストを作成。
	10	マウンドーの6カ村に新たにレンタルショップを設置。マウンドー南部の2カ村で橋梁建設工事を開始。 東京・日比谷公園で開催された「国際協力フェスティバル」に初参加。 東京事務所が新聞で「不要になった裁縫箱を送ってください」と呼びかけ、全国から多数の裁縫箱の寄贈を受ける。99年からマウンドー

年	月	活　動　内　容
		で行う裁縫技術訓練コースで使用。
1999	1	マウンドーの技術センターで、帰還難民や地元青年を対象に収入向上をめざした技術訓練コースを開始(井戸掘り、コンクリート製品製造、大工、電気溶接、家具製作、左官など)。女性の自立支援をめざした長期裁縫技術訓練コースも開始し、地元の女性30名が参加。
	2	建設省中部地方建設局岐阜国道工事事務所から道路パトロール車の寄贈を受け、マウンドーへ移送。ヤンゴン駐在の各国外交団30名以上がマウンドー地区を視察、BAJの活動現場を訪問。
	3	ベトナムの盲学校にマッサージ・ルームを併設するための募金を開始(9月に完成)。自治労ベトナム環境視察団がタインホア市、フートー市、ビエットチー市などを訪問。
	4	ミャンマーの中央乾燥地域(バガン地域)で、井戸掘削事業可能性について調査を開始。5月に地下水調査の専門家を派遣。
	6	ミャンマー国境民族開発省開発局(DDA)との覚書に署名し、ミャンマー・中央乾燥地域の生活用水供給事業を開始。
	8	第2回ベトナム・マッサージセミナー講師団を派遣し、スタディツアーも実施。ホーチミン市で、障がい児・者関連の施設などを視察。タインホア市で、BAJ提案のごみ処分場の建設開始。カオバン省ルンナム村などで、植林事業を支援。 バガン地域の生活用水供給事業に、電気探査専門家を派遣。
	11	ホームページを公開。 理事5名がマウンドーを訪問。活動地を視察し、現地職員と交流。
	12	申請中だった「特定非営利活動法人」格取得について、東京都より正式に認証を受ける。 バガン地域のニャントウ村で、第1号井戸を掘削。 マウンドーで、小・中学校校舎の建設を継続(サイクロンなどに対応できる避難場所兼用)。地元住民を対象としたOJT方式で、99年末までに24校を建設。
2000	1	ベトナムから障がい児教育関係の担当者3名を招き、日本で研修。同時に、報告会を開催して障がい児教育の現状を報告。 『BAJ通信』を刷新し、大型版で発行。
	3	ベトナム・カオバン省ルンナム村の植林事業や障がい児教育の視察ツアーを実施。

年	月	活　動　内　容
	4	ミャンマー・チャヨピン村に 60 m の沈下橋を完成。ラカイン州北部全域で橋梁建設を急ピッチで展開。
	5	東京事務所で、ベトナム語講座を開始。
	6	バガン地域の生活用水供給事業を、JICA 開発パートナー事業の枠組みで開始。10 カ村で深井戸を建設し、3 カ村で既存井戸の修繕を実施。
	7	バガン地域で日本外国語専門学校有志のスタディツアーを実施。保健・衛生専門家も派遣。
	8	第 3 回ベトナム視覚障がい者マッサージセミナーを実施、新たにダナン市でも開催。
	9	手狭になった東京事務所を移転、旧事務所は倉庫兼宿泊施設として使用。
	11	東京で第 1 回ベトナム料理教室を開催。 マウンドーの裁縫技術訓練コースに、裁縫専門家 2 名を派遣。 日本外国語専門学校主催チャリティーコンサート「ミャンマーのじゃぐち」が行われ、収益金約 85 万円を生活用水供給事業に寄付。
	12	マウンドーでインフラ整備事業として建設した小規模橋梁が 98 本、学校校舎が 36 棟となる。
2001	3	ベトナム事業で、現地駐在連絡員をホーチミン市に派遣。 日本国際協力銀行(JBIC)委託調査「ベトナムの高等教育・大学教員の現状と問題点」をまとめ、JBIC に提出。 ミャンマー・シトウェで、BAJ 技術訓練学校の建設を開始。
	6	ヤンゴンで、BAJ ミャンマー全体の情報共有と意見交換のための第 1 回マネジメントチームミーティングを 2 日間にわたって開催(12 月には現地のスタッフを含めた会議を開催)。 外務省 NGO 相談員制度の相談員に採択され、相談活動を受ける。
	7	東京事務所が裁縫訓練を支援する裁縫サポーター募集を新聞記事で呼びかけ、集まった約 50 名で第 1 回会議を開催。目的別に 4 チームに分かれて、活動を推進。
	8	99 年に建設省道路建設局などから寄贈を受けた 2 台のトラック、2 台のクレーン車、1 台のトラクターについてミャンマーの輸入許可が取れ、シトウェとバガンに移送。
	9	シトウェに技術訓練学校を開校。第 1 期生 95 名が入学し、半年間のコースを開始。

年	月	活　動　内　容
		バガン地域の生活用水供給事業に、保健・衛生専門家を派遣。
	10	東京・日比谷公園で開催された国際協力フェスティバルで、バガン地域の生活用水供給事業が「プロジェクト・オブ・ザ・イヤー」を受賞。
	12	東京事務所で裁縫サポーターチームがクリスマス・バザーを開催。
2002	2	東京で裁縫サポーターによる第1回裁縫教室を開催し、ロンジー布によるテディベアを作成。
	4	国際協力銀行(JBIC)への提案型案件形成調査「ベトナム都市ごみに関するリサイクルプログラム確立に係る提案型案件形成調査」が採択され、駐在スタッフを中心に調査を開始。
	5	バガン地域で実施中の生活用水供給事業中間報告書をJICAに提出。新規井戸掘削のほかに、既設井戸の修繕、溜池の改修、長期維持・管理のための訓練、モニタリング調査などを実施。府中市在住の会員有志によるバガン地域へのスタディツアーを実施。
		新潟市の中学生が東京事務所を訪問して研修。東京事務所での生徒受け入れ事業を開始。
		ヤンゴンのマネジメントチームミーティングにあわせ、功労のあったスタッフと6年勤続者計12名の表彰を実施。
	6	難民事業本部主宰のスリランカ国内避難民現地調査に、2名が参加。その後、臨時理事会を開催してスリランカでの事業開始について検討し、8月に独自に第2次スリランカ調査団を派遣。理事会協議を経て2003年よりスリランカ復興支援開始を決定。
		ラカイン州で行なったレンタルショップ事業のうち5カ村について、機材も含めて順次、村への引き渡しを実施。
	7	バガン地域生活用水供給事業で、JICAのインターン生2名を受け入れて研修を実施。
	9	第3回理事会を拡大し、スタッフも参加して合宿形式(山梨県河口湖)で中期計画を立案。
		生活用水供給事業で国境民族開発省開発局より3名を日本へ招き、関連機関での技術研修を行い、地方自治体などを訪問、最終日に報告会を開催。
	10	スリランカにスタッフを派遣し、コロンボ事務所開設と事業開始に向けて、現地スタッフの雇用や調査などを進める。
	11	ホーチミン市第2区アンカイン地区で、ごみリサイクルのパイロット

年	月	活　動　内　容
		事業を開始。
	12	ベトナムの障がい者政策担当行政機関の3名を日本へ招き、関連機関、施設、NPO組織、ボランティア活動を視察。フエ市フービン地区で小規模環境保全活動を開始。 ミャンマー女性の自立支援として、「ミシン基金」を創設。 裁縫サポーターチームが主体となって、「ヨヌテ・チャリティーコンサート」を開催し、200名を超える入場者を集めた。 外務省からインターン2名を受け入れ、東京事務所で研修。
2003	1	スリランカ北部のLTT(タミル・イーラム解放の虎)支配地域で復興支援事業を開始。ワウニア県、キリノッチ県、マナー県、コロンボ市に、それぞれ事務所を設置。 東京事務所でミャンマー語講座を開始。
	2	バガン地域の生活用水供給事業で、JICAの評価ミッションを受け入れ。 ワウニア県の2校の学校を修復・再建し、1棟の公民館を建設。帰還国内避難民を対象にOJTで建設。
	3	滋賀県・京都府・大阪府で開催された「第3回世界水フォーラム」に、BAJミャンマー生活用水供給事業の現地スタッフ2名を招き、フォーラム参加と研修を実施。「水行動コンテスト」にも参加。 キリノッチ県とマナー県で職業訓練センターの建設と運営、井戸掘削と修繕事業を、キリノッチ県でトイレ建設と修繕事業を、いずれもOJTで開始。 ラカイン州で展開したレンタルショップ事業を終了し、村運営委員会へ運営権と機材を引き渡す。
	5	森進一主宰「じゃがいもの会・チャリティーコンサート」に、難民救援団体として出展。東京事務所でシンハラ語講座を開始。
	6	フエ市環境公社の要請による中古バキューム車と消防車について、鹿沼市から寄贈を受けてベトナムに輸送。
	7	2000年7月から開始のNGO/JICA開発パートナー事業が終了。3年間で40本の新規深井戸を設置、86カ所の既存井戸を修繕、104カ村で地下水調査と訓練を実施。
	8	ホーチミン市アンカイン地区で、貧困層を対象にマイクロクレジットによる収入向上プログラム・貯金活動を開始。

年	月	活　動　内　容
	9	スリランカ復興支援活動実施の NGO による外務省委託業務「国別 NGO 研究会(スリランカ)」事業が採択され、BAJ が事務局を担当。
	11	設立 10 周年を迎え、14 日に「10 周年記念の集い」(東京・学士会館)を盛大に開催。ベトナムから 5 名の視覚障がい者とスタッフ、ミャンマーからは 3 名の現地スタッフを招待。15 日には「BAJ10 周年記念・チャリティーコンサート」を開催。多くのボランティアがかかわり、200 人以上が来場。
	12	設立 10 周年記念の小冊子『ミャンマー・ラカイン州に架ける希望の橋』を発行し、関係者へ配布。
2004	1	マウンドーの女性自立支援事業で、市場にテーラーショップ 3 店を設置して顧客を開拓。ラカイン州のアングモで桟橋建設工事を開始。
		キリノッチ県とムラティブ県で、基礎インフラ整備マイクロプロジェクトとして、新規井戸の建設、既存井戸の修繕、給水タンク建設、トイレ建設、学校校舎の修復・再建などを 56 カ所で実施。南部沿岸地域では、救援物資の配布(ノンフッド・リリーフ・アイテム)を実施。
	2	フエ市フービン地区で、ごみの分別収集、環境教育、未就学児童のための無料補習クラス、おとなのための識字学級を継続実施。
	4	マナー県で職業訓練事業として、4 輪トラクター整備コース、屋内電気配線コース、トラクター操作コース、船外機整備コースなどを開講。スリランカ総選挙でラジャパクサ氏が首相に就任し、北東部の緊張が高まる。
	5	19 日にシトウェにサイクロンが襲来し、死者 220 人。東京では緊急救援募金を呼びかけ、50 万円をミャンマー赤十字に寄付。
	6	UNHCR の要請によりミャンマー南東部のタイ国境地域の 56 カ村で生活用水供給事業を行う。
	7	ワウニア県での職業訓練事業として、BAJ が建設したワリクディヨール村公民館で女性を対象に、裁縫、ろうそくや石けんづくり、食品加工などのコースを実施。
		バガン地域の生活用水供給事業について話し合いを重ねた結果、人材の全面的再編を行い、事業継続を決定。
	9	外務省委託業務「国別 NGO 研究会(スリランカ)」事業を 2004 年度も受託。
		フエ市のマイクロクレジット事業で、低利でも高利でもない「中利」

年	月	活　動　内　容
		の貸付を開始。
	10	ミャンマーのキンニュン首相が更迭される。
	11	ミャンマー南東部国境事業において、広大な事業地に簡易宿泊所を兼ねた倉庫(カレン州パーン、タニンダリー管区ダウェー)を設置して活動。 国際協力銀行の提案型調査「スリランカ『NGOによる女性の自立支援』に係る提案型調査」が採択され、12月から本格的調査を開始(2006年2月に報告書を提出)。
	12	新たな資金調達のツールの議論を重ね、ベトナム貧困層の就学支援を目的に「輝けアジアの子ども基金」を創設、支援者の拡大を図る。 26日、インド洋スマトラ島沖地震発生。スリランカ南部も津波被害を受け、緊急救援と復興支援活動を実施。
2005	1	マウンドー北部にナクヤ歩行橋が完成、川沿いの市場に大きな経済効果を生み出す。 スリランカ・アヌラーダプラ県に建設した公民館で行なってきた女性を対象にした裁縫訓練で、地元の村に施設と運営を順次引き渡す。
	2	津波被害の大きかったスリランカ・アンパーラ県に事務所を設置、生活物資を配布する一方、仮設住宅、井戸、トイレを整備。女性対象の職業訓練を行い、幼稚園に遊具を寄付。
	3	ホーチミン市とフエ市で実施した環境教育活動について、他地域でも使えるようにテキストを完成。 スリランカ・ムラティブ県で、簡易修理工場を設置して、津波被災漁民を対象に船外機修理と維持・管理能力強化のための講習会を実施。 東京事務所ホームページのリニューアルを実施。
	5	ラカイン州辺境地とシトウェを最短で結ぶアングモ桟橋が完成。国境出入国管理本部が事務所を設置、国際機関は緊急時の避難経路に指定。 フエ市の水上生活世帯を対象に、性感染症検診・治療プログラムとしてセミナーや検診・治療を実施。
	6	中央乾燥地域(ニャンウー地域)での生活用水供給事業について、拠点を現場に近いチャウパドンに移転。 スリランカ・マンナール県で、地元の多目的協同組合と協働して、トラクターや船外機などの機材を整備・修理するレンタルショップを3カ所に設置。

年	月	活　動　内　容
	7	シトウェの技術訓練学校で、修了生を対象に、外部の注文に応じて車両やバイク、小型発電機の修理を行うOJTを開始。 東京事務所でワタベウェディングの資金援助によって、バガン地域の生活用水供給事業支援として、掘削機械一式を購入(ワタベ号)。ミャンマー政府へ輸入許可を申請。
	8	マウンドーで実施してきた女性対象の裁縫技術訓練事業を、能力強化による意識向上を通じた女性の生活改善を図る活動(「コミュニティ社会開発事業」)へ発展。あわせて男性の理解を求める目的で、男性を対象にしたワークショップを多くの村で開催。
	9	ベトナムの子どもを対象に、「輝けアジアの子ども基金」より奨学金を授与。
	10	フエ市フービン地区で、環境に関心のある中学生グループをつくり、アンカイン地区やフービン地区の子どもたちとの経験交流ワークショップを開催。 ミャンマー政府よりネピドーへの首都移転が発表され、12月以降、各省庁の移転が本格的に進む。
	12	キリノッチ県での活動を終了、2006年1月5日に施設などをキリノッチ県知事に引き渡す。スリランカで実施した提案型調査について、コロンボで市ワークショップを開催。 フエ市フービン地区に、水上生活世帯対象の「愛情学級」教室を完成、ベトナムの教育カリキュラムに沿った授業を行い、卒業証書も発行(引き渡し式は06年5月5日)。
2006	1	シトウェの技術訓練学校を国境・民族・開発省教育訓練局に引き渡す準備として、人員の縮小、現地スタッフによる運営へと移行。カウンターパートの訓練生を引き受け、インストラクター養成コース、短期追加コース、BAJ最後の訓練となる第7期コースを実施。
	2	アングモに完成した桟橋と43本の橋梁について、アングモ桟橋で国境民族開発省開発局への引き渡し式を2日に開催、BAJ理事をはじめ駐ミャンマー日本大使、ミャンマー政府高官が列席して、盛大な式典を実施。
	3	マウンドーの技術センターで、地元民間修理工場で働く青年を対象に、3カ月間のエンジン修理や自動車整備の技術訓練コースを3期にわたって実施。

年	月	活　動　内　容
		東京事務所で、千葉県と国際協力銀行、BAJ の 3 者で協同して、「ベトナムにおける住民参加型生活環境改善事業」を実施。ホーチミン市で合同ワークショップを開催。
	5	「輝けアジアの子ども基金」サポーターを中心に、第 1 回現地交流会を実施。7 名が 8 日間にわたってベトナムの活動地を視察し、子どもたちが環境活動について発表。
	6	ワウニア県で実施した職業訓練などの事業を終了し、地元村落開発委員会へ引き渡す。 東京事務所で、新たな広報手段として、インターネットを利用した『BAJ メールマガジン』を発行、創刊 1 号を 15 日に配信(2009 年 5 月現在、第 44 号まで発行)。
	8	東京事務所で認定 NPO 法人の資格取得の作業を進め、渋谷税務署に申請。
	9	マウンドー南部地区 5 カ村の女性を対象に生活改善トレーニングコースを実施、125 名が修了。
	10	東京事務所管理部門の資金調達を目的に、新たな寄付システム「アジアまるごとサポーター」(2008 年 3 月に「BAJ まるごとサポーター」と改称)制度を創設、メンバー募集を開始。 バガン地域での JICA 技術協力プロジェクトの公示により、国際航業と組んで「ミャンマー国中央乾燥地村落給水技術プロジェクト」に応募。11 月に契約し、3 年間の事業を開始。
	11	輸入許可を得て掘削機ワタベ号その他機材一式がミャンマーへ到着。 スタッフ研修を実施して、第 1 号井戸をマンダレー管区サンドウィンジー村で掘削。 ベトナムで BAJ 日本語学校を新たに創設し、東京事務所とのかかわりをもちながら別組織として活動を開始。
2007	1	ベトナムの環境教育事業について、INAX との共同事業で取り組みを開始。 マウンドーの 4 カ村で生活改善トレーニングコースを実施、120 名が参加。修了生のなかからコミュニティ普及員(BAJ メイト)を選抜して、生活改善トレーニングコースのインストラクターとして活動を進める。
	2	ワタベウェディングの渡部隆夫社長と社員 2 名が、ミャンマー中央乾

年	月	活動内容
		燥地域の生活用水供給事業を視察し、サンドウィンジー村で引き渡し式を開催。
	3	3月1日より2年間、認定NPO法人として承認される。
		CARE-WAVE AIDによるチャリティーコンサートが東京で4日に開催され、BAJフエ市のビア君が参加。
		スリランカにおけるBAJの活動について、3月から3カ月間にわたり専門家を派遣して事業評価を実施。
		シトウェの技術訓練学校の国境民族開発省教育訓練局への引き渡し式を21日に開催。
	5	バガン地域における村落給水事業で、ボアホールカメラを導入し、30カ村の井戸を修繕。
		フエ市の王宮城壁沿い地域と水上生活世帯を対象に、5カ所の公共水浴び施設と排水溝の整備を実施。
		フエ市で行なった裁縫クラスの修了生10名が、ホーチミン市郊外のカバン製造工場に就職。BAJホーチミン市のスタッフがフォロー。
		マンナール県で継続実施していたレンタルショップ事業について、各カウンターパートや上部組織に引き渡す。
	7	ミャンマーでの活動に対し、日本の「外務大臣表彰」を受ける。
		コロンボ事務所を閉鎖、スリランカでの全事業を撤収。
	8	ミャンマー駐在スタッフを東京に招集して「ミャンマー会議」を行い、中・長期的な事業計画を検討。
	9	マウンドーの事業で、東京から2名の学生インターンを受け入れ、ミャンマー人スタッフへのよい刺激となる。
		ミャンマー・パコックの僧侶によるデモが起点となって、ヤンゴンなどで大規模な抗議デモに発展、取材中の日本人1名が亡くなる。治安状況の悪化で物価高騰が継続、事業運営にも影響。
	10	TOTOの水環境基金への事業申請が採択され、バガン地域の村落給水事業で、井戸修理マニュアルの作成などを実施。
		フエ市の環境教育活動の一環で、家庭の生ごみの回収を行い、堆肥をつくって、野菜と米の無農薬栽培を開始。
	12	マウンドーで実施してきた地元住民の建設技術研修を兼ねたインフラ整備事業で、07年までに橋(3 m以上94本、3 m未満111本)、パイプカルバート9本、歩行橋10本、桟橋7台を設置、さらに学校54

年	月	活　動　内　容
		校、女性センター5棟、保健センター1棟を建設、ほかに村アクセス道路1本、開放型浅井戸を50本掘削。 東京事務所・理事会で検討してきた「BAJ退職金規定」について、08年4月以降に中小企業退職金共済制度による退職金共済契約への加入を決定(08年8月に加入)。 CARE-WAVE AIDによるチャリティーコンサートの再演決定に伴い、BAJフエ市のビア君とディエン君が来日、日本の小学生と交流。
2008	1	ミャンマー人スタッフ2名を招き、日本での研修を実施。地方自治体や市民団体など関係機関を視察し、最終日に報告会を実施。
	2	バガン地域で、村のポンプ操作者で結成された井戸の簡単な修繕を行うローカルメンテナンスチームが再結成され、研修を行いながらOJTで各村からの修繕依頼を受ける。
	3	ミャンマー事業担当者と東京事務所常務理事による「ミャンマー会議」を実施、中・長期の事業計画について検討。
	4	ホーチミン市第10区のグエンヴァントー中学校の生徒を対象に、BAJホーチミン事務所が環境問題の授業を開始。
	5	2〜3日にかけてミャンマー南部デルタ地帯に大型サイクロン「ナルギス」が上陸し、公式発表で死者84,537人、行方不明者53,836人、あわせて約14万人という大災害となる。緊急救援活動として救援物資の配給、損壊を受けた学校の修復・再建活動、塩水をかぶった耕耘機のエンジンを修理するモバイル・ワークショップを実施。
	6	フエ市で環境保全活動を行う貧困地域の子どもたちのなかから4名が高校を受験して合格し、地域で初めての高校生となる。
	9	認定NPO法人格更新のための作業を進め、渋谷税務署に書類を提出。09年2月末に承認されて、13年2月末までの更新継続が決定。 マウンドーの技術訓練コース修了生へのフォローアップとして、市場に直営店「ユニオン」を開店、機材の貸与と技術的な支援を行う。
	10	フエ市の副市長を含む行政官4名と『トイチェー新聞』の記者1名を日本に招き、有機農業・環境・町並み保存というテーマで研修を実施。
	12	フエ市郊外のフオンロン地区農場で、近くの農家に手伝ってもらいながら、堆肥を利用した無農薬の農作物栽培を行う。

アジアに架ける橋

二〇〇九年六月一五日　初版発行

著　者　新石正弘

発行者　大江正章

発行所　コモンズ

東京都新宿区下落合一-五-一〇-一〇〇二

TEL〇三（五三八六）六九七二

FAX〇三（五三八六）六九四五

振替　〇〇一一〇-五-四〇〇一二〇

info@commonsonline.co.jp

http://www.commonsonline.co.jp/

印刷／理想社・製本／東京美術紙工

乱丁・落丁はお取り替えいたします。

ISBN 978-4-86187-061-3 C0036

＊好評の既刊書

開発援助か社会運動か　現場から問い直すＮＧＯの存在意義
●定松栄一　本体2400円＋税

開発ＮＧＯとパートナーシップ　南の自立と北の役割
●下澤嶽　本体1900円＋税

アチェの声　戦争・日常・津波
●佐伯奈津子　本体1800円＋税

徹底検証ニッポンのＯＤＡ
●村井吉敬編著　本体2300円＋税

ＯＤＡをどう変えればいいのか
●藤林泰・長瀬理英編著　本体2000円＋税

歩く学問ナマコの思想
●鶴見俊輔・池澤夏樹・村井吉敬他　本体1400円＋税

北朝鮮の日常風景
●石任生撮影・安海龍文・韓興鉄訳　本体2200円＋税

ぼくが歩いた東南アジア　島と海と森と
●村井吉敬　本体3000円＋税